青年才俊的摇篮
哈佛大学

王子安◎主编

汕头大学出版社

图书在版编目（ＣＩＰ）数据

青年才俊的王国——哈佛大学 / 王子安主编. -- 汕头：汕头大学出版社，2012.4（2024.1重印）
ISBN 978-7-5658-0706-0

Ⅰ. ①青… Ⅱ. ①王… Ⅲ. ①哈佛大学－概况 Ⅳ. ①G649.712.8

中国版本图书馆CIP数据核字(2012)第066405号

青年才俊的王国——哈佛大学

主　　编：	王子安
责任编辑：	胡开祥
责任技编：	黄东生
封面设计：	君阅天下
出版发行：	汕头大学出版社
	广东省汕头市汕头大学内　邮编：515063
电　　话：	0754-82904613
印　　刷：	河北浩润印刷有限公司
开　　本：	710mm×1000mm　1/16
印　　张：	11
字　　数：	80千字
版　　次：	2012年4月第1版
印　　次：	2024年1月第2次印刷
定　　价：	50.00元

ISBN 978-7-5658-0706-0

版权所有，翻版必究
如发现印装质量问题，请与承印厂联系退换

目 录

追忆哈佛

哈佛的由来 ·· 3
独立战争英雄 ·· 9
最伟大的校长——艾略特 ··· 18
登上哈佛讲台的中国第一人——戈鲲化 ················· 28
造就斯坦福 ·· 36

哈佛魅力

校园男女同校的先河 ·· 43
威德纳纪念图书馆 ·· 49
燕京学社 ·· 53

人文之光

精神之父——爱默生 ·· 61
沃兹沃斯楼 ·· 69

诺贝尔文学巨匠——艾略特 ……………………………… 73
创造逆合成分析法 ……………………………………… 79
最了解艾滋病病毒的人——何大一 …………………… 84
"原子弹之父"——奥本海默 …………………………… 87

政界领袖

"独立摇篮"中的亚当斯 ………………………………… 93
蝉联四届的总统——罗斯福 …………………………… 97
美国最年轻的总统——肯尼迪 ………………………… 102
权倾朝野的基辛格 ……………………………………… 105

经济风云人物

凯恩斯主义的衣钵传人——托宾 ……………………… 117
扭亏为盈的魔术师——郭士纳 ………………………… 123
世界首富的产生 ………………………………………… 131

华人风采

文学泰斗——林语堂 …………………………………… 147
建筑大师——贝聿铭 …………………………………… 157
智慧而美丽的华人部长——赵小兰 …………………… 165

追忆哈佛

青年才俊的王国——哈佛大学

哈佛的由来

在美国的马萨诸塞州，有一座古香古色的小城——坎布里奇。清澈透底的查尔斯河，在那里静静地流淌着。在查尔斯河南岸，矗立着一个爬满常青藤的红砖建筑群，里面林木茂密，绿草如茵，这就是享誉全球的王牌学府——哈佛大学。

哈佛大学建于1636年，比美国作为独立国家的建立几乎要早一个半世纪。15世纪末，由欧洲通往美洲的大西洋航道被哥伦布开辟出来以后，欧洲人纷纷远涉重洋来到美洲。到17世纪，首批英国移民到达北美，在那里开拓自己的"伊甸园"——新

哈佛大学

追忆哈佛

走进科学的殿堂

英格兰。1630年,英国在马萨诸塞建立了第一个北美殖民地政府。1636年,在马萨诸塞湾殖民地成立5年之际,波士顿拉丁文学校成立,这是一所中等教育公立学校。而在最早的新英格兰居民中,大学毕业生比例远远高于其他各殖民地。移民中有100多名在英国的剑桥和牛津大学受过古典式严格教育的清教徒,聚集在奇异而富饶的东海岸,他们要在这块"伊甸园"上重新塑造曾为之自豪的剑桥式的教育典范。为了培养神职人员,也为了使英国的文化传统继承下去,大家决定建立一所神学院。1637年10月28日,马萨诸塞湾区的议会通过法案,决定建立英国在北美洲殖民地的第一所大学,地点设在波士顿附近的新城,并拨款400英镑资助。

哈佛大学一景

其实，早在1633年，就有一位名叫约翰·艾略特的牧师曾倡议在马萨诸塞湾区殖民地建立一所学院。艾略特毕业于剑桥大学的耶稣学院，1631年到达波士顿，即开始向当地印第安人传教，日后这位热心于教育事业的牧师也成为哈佛大学的监理会成员。

1636年10月28日，马萨诸塞海湾殖民地议会通过决议，决定筹建一所像英国剑桥大学那样的高等学府。由于主持建立神学院事宜的12个监理会成员中，8人毕业于剑桥大学，1人毕业于牛津大学，故新城被更名为剑桥——与家乡英国的剑桥同名，于是美国历史上第一所高等学校——"剑桥学院"诞生了。因剑桥学院逐渐兴起的小镇，从此也称"剑桥"，中文译音"坎布里奇"。剑桥学院建立之初，仅有9名学生，1名教员，教学内容和学院管理都仿照英国的大学，尤其是剑桥大学。

1637年隆冬，有一位毕业于英国剑桥大学伊曼纽尔学院的移民到了新大陆。他时年29岁，刚结婚不久，还没有孩子。他的名字叫约翰·哈佛，来自伦敦。约翰·哈佛住在查理斯镇，与那所新成立学院（当时尚没有正式的校名）的所在地中间隔着一条河，河的名字叫查理斯河。

约翰·哈佛当时的梦想是成为查理斯镇教堂的助理牧师。当时，剑桥大学神学研究每况愈下，而改良后的基督教亟需要注入大批新鲜血液——年轻的牧师，于是伊曼纽尔学院很快就成了清教徒牧师的摇篮。因为政局的不稳，这些伊曼纽尔学院的清教徒不得不寻找新宗教的发展，许多人在移民潮中来到北美殖民地。由于当时的移民中有35个来自伊曼纽尔学院，所以又有人把北美的新英格兰地区称为伊曼纽尔之乡。

可惜约翰·哈佛在新大陆活了不到一年，1638年9月，他因患肺病死于查理斯镇。临死前，他立遗嘱将自己一半的财产（约值780英

走进科学的殿堂

镑）和所有的图书（约400本）捐赠给河对岸那所新成立的学院。这是该学院成立以来所接受的最大一笔捐款。为表示感谢，校方决定将这所尚未正式命名的学院命名为哈佛学院。那是1639年3月16日的事情，距该新学院成立已有两年半，距哈佛本人去世也有半年了。

哈佛所赠的780英镑捐款，是当年该校全年财政拨款的近两倍（当年政府给学校的拨款是400英镑），这在当时是一笔了不起的收入，校方用这笔钱开发了不少的"硬件"和"软件"。但哈佛所赠的400本书却遭了厄运，它们毁于一场大火，只有一本书因一个学生前一天晚上借走未还而免遭劫难。最具意味的是，当这个学生第二天去归还那本珍贵无比的"孤本"时，当时的哈佛院长亨利·邓斯特还是以"借书不得带出图书馆"这条校规开除了那个为哈佛校史作出突出贡献的学生。

哈佛本人出生在英格兰，父亲是一个屠夫，他曾有过不少兄弟姐

约翰·哈佛铜雕像

追忆哈佛

青年才俊的王国——哈佛大学

妹。可惜发生在1625年的一场瘟疫，夺去了他父亲和四个兄弟姐妹的性命。由于哈佛本人也是英年早逝，没有留下子女。在整个美洲大陆，绝少有人姓哈佛的。就是在英国本土，哈佛这个姓也是很少见的。但是，这个名字却与哈佛这所世界一流大学一起，跨越历史长河并存至今，为全球无数青年人所向往。可以说，300多年来所有的哈佛校友都是他的传人。

想当年，当约翰·哈佛凄凉地死在查理斯镇的小木屋时，他一定会为自己不能在新大陆实现自己的抱负而感到十分悲哀，并为自己不能和太太育有一两个后代而感到无限的惋惜。望着查理斯河对岸的那所新学校，哈佛或许会想：那将是我对这片新大陆的唯一贡献了，希望它能有所作为。

约翰·哈佛铜雕像

约翰·哈佛的贡献，不仅仅在于他遗产中的金钱和书籍，他的所作所为，还开辟了校友和社会各界向哈佛捐赠的先河。为了表示感谢和纪念，1639年3月6日，马萨诸塞湾殖民政

走进科学的殿堂

府议会在约翰·哈佛去世半年之后，决定将学院更名为哈佛学院，1780年，正式易名哈佛大学。可以告慰哈佛的是，查理斯河对岸的那所学校不仅以他的姓来命名，而且最终成为全新大陆乃至全世界最出色的大学之一。更重要的是，当今世界各地的年轻人无不向往成为一名哈佛人，并为此感到无比的荣幸和自豪。

忆哈佛

独立战争英雄

1764年1月,一场大火将哈佛的第一座建筑"哈佛学院"烧成平地,哈佛图书馆的5000多册图书葬身火海。这场烈火似乎只是个前兆,在此后的10多年,哈佛彻底沉浸在"独立战争"的熊熊火焰之中。

美国独立战争

在独立战争前夕,由于英属北美13个殖民地居民的共同经济生活得到加强,英语已成为共同的语言,以欧洲各国移民为主体的一个新的民族——美利坚民族终于形成。美利坚民族形成的过程,其实就是北美

13个殖民地反抗英国殖民统治，争取民族独立斗争的过程。到18世纪后半期，殖民地与宗主国之间的矛盾已经发展成为殖民地政治生活中的主要矛盾。

从1607年到1733年，经过激烈的殖民争夺，英国从荷兰、法国手中夺取了北美的许多殖民地，侵占了北美大西洋沿岸的富饶地区，先后建立了13个殖民地。随着英法七年战争的结束，英国取得了海上霸权并在北美夺得更多的殖民地，但是英国在这场战争中却耗费了庞大的军事费用，以致财政亏空高达1.4亿英镑。英国政府为了转嫁债务，进而加重了对北美殖民地人民的剥削和掠夺。另外，英国当时工业革命正在发展，新兴的资产阶级也想在经济上从北美殖民地掠夺财富。他们主张以英国生产的工业品和殖民地的农产品进行不等价的交换来掠取高额利润。这样北美殖民地人民在经济上完全服从宗主国的利益，完全成为它的附庸。与此同时，英国利用法国被打败这一有利时机，把英国海军战舰转移到北美殖民

美国独立战争示意图

地沿海，进行检查货船和缉私等工作。这些殖民掠夺政策不仅打击了殖民地的劳动人民，而且也损害了殖民地各阶层的利益，这样北美殖民地人民与英国殖民统治者的矛盾和斗争日益尖锐起来。

波士顿成为独立战争的爆发地绝非偶然。这个马萨诸塞自治地有着

悠久而又引以为豪的传统，这里有着在美国历史上的诸多"第一"：美国的第一个学校、第一家银行、第一份报纸、第一所邮局和第一个陪审团。波士顿作为新英格兰的一个最初港口，它的生计几乎完全依赖于自由贸易。在反对英国强迫推行的"反走私措施"这件事情上，再也没有比波士顿人更为坚决的了。

身处波士顿的哈佛学院顺应潮流，站在同情和支持独立战争的正义事业一边。在马萨诸塞，几乎所有著名的革命者都是哈佛的毕业生，包括美国《独立宣言》起草人之一的美国第二任总统约翰·亚当斯，领袖约翰·汉考克和塞缪尔·亚当斯等。1775年7月3日，乔治·华盛顿在哈佛学院所在地坎布里奇就任北美独立战争军队的统帅，他的司令部也一度设在坎布里奇。1776年美利坚合众国诞生后，哈佛学院给独立战争的主要领导人乔治·华盛顿、托马斯·杰斐逊（《独立宣言》主要起草人，美国第三任总统）、约翰·杰伊（美国联邦最高法院首任首席大法官）、亚历山大·汉密尔顿（首届美国联邦政府财政部长）等人授予荣誉法学博士学位。

美国革命家和富商出身的约翰·汉考克17岁从哈佛毕业，27岁时他继承了叔父的70000英镑财产，成了新英格兰最富有的船业巨头之一。1768年，他的船员将英国收税官锁进船舱内，使他一夜之间成了波士顿的英雄。

亚当斯家族是英国的一个古老家族，在17世纪30年代后期从德文

约翰·汉考克

郡迁至马萨诸塞地区的昆西市。亚当斯家族勤奋拼搏，不甘人后。哈佛大学一成立，他们就把孩子们送去学习所有能学到的东西，然后从事一门专门的行当。亚当斯家庭的成员之一约翰·亚当斯1775年毕业于哈佛的法律专业，成为一名律师。他是一个"教条主义者"，不善与人相处，就像是一块大理石，坚毅、冷峻、一本正经。但在一个动荡的年代，正是这种性格，使他有了用武之地。他的堂兄塞缪尔·亚当斯与他完全不同。塞缪尔14岁进哈佛，在哈佛一直学习到21岁，获硕士学位。在授予硕士学位的典礼之上，亚当斯用拉丁语演说，主张民众有反抗领袖的权利。塞缪尔自小便和城里所有的人相处融洽、亲如一家，他是那种一听说有什么事情要发生，就会积极参与的人。塞缪尔同时也是一位性情有些古怪的政客，他为争取殖民地人民的权利，表现出在策略上的出色和在政治上的无情，而且是那种近乎狂热的献身精神。他组织政治集会、撰写文章，极力宣传独立。他有着"革命酋长"、"美国独立之父"的美称，在美国被公认为是仅次于华盛顿的美国开国元勋。

在能干的哈佛伙伴们的支持下，汉考克和塞缪尔极力煽动当地人对英国不满的火焰。他们巧妙地安排"暴民"的示威，号召对占领军进行骚扰，敦促殖民地议会蔑视英国议会的权威，组织爱国通讯委员会在波士顿以外传播反抗精神。

1765年的春天，殖民地出现了秘密组织——"自由之子"。参加者大多来自劳动阶层，有手工业者、工人、农民、水手和渔民，其中也有不少知识分子。"自由之子"社的战士们有时采取暴力的手段给政府带来些麻烦，该组织积极反对印花税法案，在电线杆和帽子上粘贴反对标语，标语上写着："要自由、财富，不要印花税。"人们击沉英国的关税巡逻船，捣毁税务局，揪出国王特派的税官，在他脸上涂柏油、粘羽毛，游行示众。农民们自发组织起来关闭税务法庭，烧毁印花税票。在纽约,"自由之子"社的战士们一次就把新运到的10箱印花税票付之一炬。从颁布到废止只有一年时间的印花税在一浪高过一浪的反对声中销声匿迹,但英国政府并未死心。英国议会随后又决定对北美从英国进口的特定商品征税,如纸张、染料、玻璃和茶叶等。此税也遭到了人们的反对,特别是关税局长委员会成立后,税官们的傲慢行径更是激怒了殖民地的人们。北美人民终于认识到,未经他们同意就征税侵犯了他们的自由权,反抗的意识逐渐积聚起来。但与英国政府第一次真正的较量却是在波士顿港!

现在的波士顿港

英国政府当然不能容忍这种事态继续发展下去,他们采取了最严厉的措施去巩固自己的政权。大批军队被派往骚乱地区,在一些"暴徒"袭击税务官的城镇和乡村执行巡逻任务。巡逻是一件枯燥的事情,即使是最守纪律的士兵,如果身处敌对的民众之中,再加上缺乏约束,也会变得暴躁起来。而且他们还有枪支,可以开枪射击,结果当一群波士顿的淘气小孩用雪球向他们投掷的时候,巡逻的士兵压不住火了,打死了手无寸铁的平民百姓,这使得这座城市陷入了一片恐慌之中。

在塞缪尔·亚当斯的精心报道之下,这一悲剧性事件被人们看作是英国对殖民地暴政的又一例证传到各地,激起了殖民地人民的强烈不满,反英行动迅速地在各地开展起来。在北美殖民地人民的坚决斗争下,英国政府被迫宣布废除在北美殖民地推行的税法。

唯一对这一事件有着独到见解的只有塞缪尔·亚当斯的堂弟约翰·亚当斯,毕竟他站在风暴的中心,对一切都看得清楚。在他眼中,"波士顿大屠杀"是由一群投掷雪球的"成分复杂的暴民"激起的,只是一小队英国士兵被迫开枪打死5人、其他人被打伤的突发事件而已。作为几代生活在此的美洲人,约翰相当厌烦英国在北美的政策,但作为律师,他自认忠诚于事实的真相,于是他为涉及屠杀事件中的9名士兵辩护,最后,由于他的"巧言善辩",其中7人被判无罪。

现在的费城

而四年后发生的"波士顿倾茶事件",也牵涉到塞缪尔·亚当斯和汉考克二人。17世纪后半期,喝茶在英国上流社会已成风尚。自17世纪至18世纪前半期,英国在北美洲大西洋沿岸建立一系列殖民地。英国国会还通过了《茶叶税法》,以中国武夷茶叶向北美殖民地征收高额茶税。英殖民地的残酷统治,激起了北美人民的多次起义和战争。为扩充军备,英王乔治三世于1765年规定,凡殖民地所用茶叶及其他物品均需课税,进一步激起殖民地人民的强烈反对。1767年英国议会又通过了废除其他物品税,而对北美人民喜爱的中国茶叶,每磅仍需课税3便士。1773年英政府为帮助濒临破产的垄断殖民地茶叶运销权的英属东印度公司,英议会又通过救济该公司茶叶的条例。调低销价,准许他们在北美殖民地销售积压的茶叶专利,坚持输往北美50万磅的计划;同时重申禁止殖民地人民购买走私茶。但殖民地人民为维持自己的主张,仍反对茶税,拒购茶叶,一些著名城市如波士顿、纽约、费城、格林威治等地人民团体纷纷组织抗茶会。

但是,英总督托马斯·哈钦森坚决拒绝殖民地人士的要求,于是波士顿最具号召力的社会阶层认为政府的低价倾销是对贸易规则的公然挑衅,其中以汉考克和塞缪尔领衔的宣传机构忙开了。报纸上连篇累牍地猛烈抨击那些喝英国茶的人,责骂他们都是"叛徒",那些倾向于清教主义的人的情绪很容易就被煽动起来。他们平时压抑着自己的真情实感,自然不愿意放过任何一次释放"合理、合法激情"的机会,他们放火烧毁各地装有英国茶叶的船只。

1773年11月27日,第一艘运载茶叶的"达特默斯号"到达波士顿港口,波士顿群众便在范乃依教堂集会,愤怒要求原船将茶叶运回,不得卸茶上岸。按海关规定,抵港船只超过20天不卸货,便将货物拍卖。几天内又有3条载茶船进港,但一直停泊在港内无法卸货。12月

16日，老南教堂发生群众集会，参加者达5000多人。集会决定命令茶叶船必须在当天下午驶出波士顿港，但是遭到拒绝。当日夜晚，亚当斯和汉考克派出了一批"自由之子"的得力干将，这群年轻人在夜黑风高之时，装扮成印第安人的模样，登上刚从英属印度开来的3艘大船，丝毫不理会船上正在流行的天花病，勇敢地冲进了船舱，把那批有瓷器和漆器精装密封的武夷茶叶倾入海里。他们在岸上人群的围观下，把3

波士顿倾茶事件

艘船上价值18000英镑的342箱茶叶，3个小时内全部倾入大海。人们摇铃相告，无不拍手称快，他们的所作所为令马萨诸塞人为之振奋。但在英国人眼里，他们简直是一群卑鄙无耻的土匪，应该被判处绞刑。这一事件是北美殖民地人民对英国殖民暴政的反抗，是北美殖民地人民独立意识的觉醒。这一事件也使英国统治集团恼羞成怒，一连颁布了5项法令，并封锁波士顿港，企图用饥饿迫使波士顿人民屈服。结果这一行为反而使得殖民地人民更加团结，加速了独立战争的爆发。

就在殖民地人民反抗宗主国的活动如火如荼展开的同时，哈佛却在经历着一场磨难，磨难的源头来自财务主管的不负责任。而这位财务主

青年才俊的王国——哈佛大学

管并非旁人，正是赫赫有名的约翰·汉考克。当初，哈佛监理会鉴于汉考克的声望和权威，将学校的财政命脉交到他的手中，期望他能带给哈佛一个光明的未来。孰料事与愿违，他在1774年上任伊始，就给哈佛带来不少麻烦。由于他全身心投入政治活动之中，哈佛的事务便被抛至一旁饱受冷落，财务漏洞不断发生。为此，原本一直以他为荣的时任哈佛校长曾多次暗示，如果不愿干的话可以随时辞职，但汉考克却对此置若罔闻。

哈佛大学的餐厅

追忆哈佛

走进科学的殿堂

最伟大的校长——艾略特

1869—1909年,艾略特这个名字始终同哈佛紧紧地联系在一起,他个人的命运和学校的发展休戚相关。艾略特担任哈佛校长整整四十年,也是哈佛历史上任期时间最长的校长。他担任校长期间,思想解放,意识超前,励精图治,锐意改革,敢闯敢为,不断开拓,把哈佛大学由一个地方性大学发展成为全国性大学,并为哈佛日后跻身世界一流大学奠定了坚实基础。1926年,艾略特去世时,成千上万的美国人把他当做联邦英雄来纪念。史家评价道:"艾略特虽不能称作最伟大的哈佛人,但他是哈佛大学校史上最伟大的人物。"

艾略特1834年出生于波士顿,他的家族与哈佛有着很深的渊源。艾略特的祖父塞缪尔·艾略特是波士顿商人,1824年曾捐款两万美元在哈佛设立希腊文学教授职位,哈佛青年学者埃弗雷特因此受惠留学德国,开哈佛乃至美国青年留学德国之先河。塞缪尔·艾略特的叔父安德鲁·艾略特1737年毕业于哈佛,曾任哈佛校管理委员会成员和校监委员会秘书。安德鲁·艾略特的两个儿子小安德鲁·

哈佛大学校徽

青年才俊的王国——哈佛大学

艾略特和约翰·艾略特分别在1762和1772年毕业于哈佛，都曾担任哈佛校管理委员会成员。艾略特的父亲是哈佛1817届毕业生，曾任哈佛大学司库。艾略特的伯父也毕业于哈佛，两个姑姑都嫁给了哈佛教授，其中一位姑父就是哈佛19世纪二三十年代改革的推动者——蒂克纳。艾略特的堂兄和表兄都是哈佛校友，并担任过校监委员会成员。

麻省理工学院

艾略特10岁入波士顿文法学校学习，15岁考入哈佛大学，1853年以全班第一名的成绩毕业。毕业后艾略特留校任教，5年后担任化学科助理教授，并于1861年主政劳伦斯理学院。但是，艾略特在学术研究上并没有显示出卓越超人的才华，1863年，他与吉布斯竞争鲁姆伏德教授职位失利，赴欧洲考察学习。两年内，他先后游学法国、德国和英国。艾略特所学专业虽为化学，然而旅欧期间，他对三国的教育制度尤感兴趣。1865年，罗马一家棉纺厂拟聘他做主管，年薪5000美元，几乎相当于美国一般高校教授薪水的两倍。而艾略特对祖国的教育事业满腔热忱，情有独钟。1865年麻省理工学院正式开办，艾略特一接到麻省理工学院的聘书，立即回国担任化学教授，并在麻省理工学院度过了3年愉快的时光。在教学中，艾略特将德国大学的讲座法和实验室方法引入麻省理工学院，并出版了他的第一部英文无机化学教科书。期间，他在"大西洋月刊"上发表文章，就美国大学如何发展阐述己见，颇具见地，引起教育界同仁关注。1868年，艾略特作为校友当选为哈佛大学校监委员会成员。

前任校长黑尔离任后，哈佛提名艾略特接任校长一职。但是，校内外各派都对艾略特抱有戒心，宗教派认为他没有牧师经历，担心将哈佛彻底世俗化；古典派认为他的思想过于新潮，担心将哈佛古典传统完全抛弃；科学派认为他不是一位优秀的学者，担心将哈佛变成一所类似麻省理工学院那样的技术学院。学校内外各派力量经过几个月的反复酝酿，校监委员会终于以16票赞成8票反对的绝对优势，任命艾略特出任哈佛大学校长。那年他年仅35岁，真可谓天降大任于斯人也。艾略特从此踏上坎坷艰辛却最终取得累累硕果的改革哈佛之路。1869年10月19日，艾略特正式任职，发表了美国高等教育史上著名的就职演讲。演讲持续了1小时45分，像一柄利刃，直接刺向保守势力厚厚的帷帐，振聋发聩，激动人心。演讲大厅里，时而鸦雀无声，时而掌声雷鸣。《波士顿邮报》用大幅版面报道了艾略特就职的盛况，认为艾略特担任哈佛校长"昭示着哈佛历史转折点的来临"。

艾略特在哈佛大学的改革成就，得益于他具有坚定的改革信念和明确的改革目标，更得益于他具有一整套切合哈佛大学实际和美国国情的办学指导思想。

艾略特任哈佛校长之时，哈佛与美国高等教育已经历了近两个半世纪的发展。这一时期，美国处于狂飙突进和急骤变革的时代。南北战争后，美国政治、经济、社会和文化发生了巨大的变迁。在政治上，从1862年由总统林肯签署的美国实行禁止奴隶制的法令，继而于同年宣布的《解放黑奴宣言》，到1866年国会批准的联邦宪法第十四条修正

哈佛大学

案，确定了黑人在法律上的公民地位，奴隶制度的根基彻底瓦解了，使美国由蓄奴制国家走向民主平等和尊重人权的国家。在经济上，南北战争成为美国现代化的新起点，它为美国资本主义工农业的进一步发展扫清了障碍，为美国从农业国向半农业、半工业国家转变，进而发展成为高度工业化国家奠定了坚实基础。在文化科学上，19世纪中期以后，美国更进入了一个飞跃时期，尤其是自然科学的发展，将人们带入了一个不可思议的"科学时代"。面对现实和瞩望未来，艾略特大声疾呼美国教育实践不合时宜，远远落伍于时代，甚至"比最伟大的思想家们提出的教育原则整整落后了几个世纪"。

走进科学的殿堂

当时美国的整个教育体制,从小学到大学都暴露出种种弊端,造成"青年18岁进入大学时,了解的不过是几十页拉丁语和希腊语以及干巴巴的几个数学符号"。艾略特悲哀地指出,现实的美国社会中,如果有谁娴熟而纯正地掌握了母语——英语,并将其运用自如,那不是学校教育的结果,而是归因于他个人的机遇与天分。美国教育需要改革,美国大学改革刻不容缓。

追忆哈佛

美国哈佛大学掠影

艾略特就任哈佛大学校长后,立即着手制定和实施一系列雄心勃勃的教育改革计划。他选择整顿专业学院作为全面改革的突破口,法学院首当其冲,成为艾略特的改革对象。法学院建于1817年,虽然已有半个世纪的历史,但是法学教育仍沿用旧的教学方法,带有浓重的学徒痕迹,未能步入大学正规的教育轨道。法学院只有三位教授,并且都是开业律师兼任。他们对待教学工作放任随意，缺乏严密的教学计划和严格的学术标准，而把主要精力和兴趣基本放在私人律师事物上。法学院的学生中具有大学文化程度的很少，他们在一年中任何时期都可以入学，只要在校学习 18 个月，甚至可以不上隔年开设的基础课，不需要经过结业考试，就可获得法学士学位。

美国哈佛大学

法学院的这种教学状况令艾略特极为不满，1870 年，艾略特任命年轻有为的朗格戴尔出任法学院教授和院长。朗格戴尔上任后，制定了一整套循序渐进的三年制法学课程体系，在教学方法上采用案例教学法，即让学生通过实际案例学习和掌握法学知识，考试采纳笔试制度。然而，朗格戴尔在法学院推行的改革遇到了重重阻力。1872 年，一位资深法学教授以辞职方式来反对朗格戴尔的改革，许多学生不适应法学院教学改革，强烈要求恢复传统方式。法学院入学的学生人数锐减，出现滑坡现象。面对困难和阻力，朗格戴尔表现出非凡的胆识和自信，坚持按既定方针改革法学院。艾略特始终不渝地支持朗格戴尔，成为法学院改革的坚强后盾。

19世纪80年代中期，法学院的改革终于初见成效，毕业生在社会赢得声誉和信任，学生数量成倍增长。学院鼓励学术，出版《哈佛法学评论》刊物，创办了"哈佛法学学会"。1893年，法学院又迈出了大胆的一步，以具有本科毕业学历成为进入法学院的必须条件，把法学院专业教育提高到了研究生层次。哈佛法学院彻底摒弃了学徒制教育方式，成为人们公认的一所实施正规法学教育的学院，声誉日盛，执美国法学教育之牛耳。

哈佛医学院始建于1782年，是哈佛大学历史上最古老的专业学院。1810年，哈佛医学院迁址波士顿，随后自成体系和自定章程，几乎与总校断绝了关系。医学院的教师全部由开业医生兼职，学生在医学院学习后非常容易就可获得学位证书，但是这些学生工作后却屡屡犯下错误，造成病人无谓的伤亡。艾略特上任后立刻改革原体制，严格入学标准，开始收取学费，同时向教师发放薪水。经过艾略特的改革，医学院焕然一新，成为美国首屈一指的医学院之一。

南北战争至20世纪初，哈佛大学对美国高等教育影响最大最深远的莫过于选修制的推行。教育史家称："选修制从1870年到1910年的兴盛，是因为它迎合了那个时期美国文化的需要。"而选修制的实行，同样离不开艾略特的功劳。在艾略特上任之前，古典课程占全美各大学的主导地位。随着美国经济的飞速发展，已有的课程需要改革。然而保守势力在大学里十分强大，他们拒绝改革。艾略特推行的选修制巧妙地绕过保守势力的阻挠，成为美国各个高校向现代化大学转变的开始。然

而起初的改革并不是很顺利，例如19世纪70年代，哈佛大学的入学率仅增长了3.7%，而耶鲁是37.3%，普林斯顿是34%，威廉是61%。但是进入19世纪80年代后，公众对待选修制的态度发生了变化，哈佛大学入学率增长了66.4%，90年代增长了88.8%，高于同时期的任何其他院校。显然，随着时间的推移，选修制逐渐显示出优越性和先进性，其前进的步伐势不可挡。到19世纪末，几乎所有的美国高校都不同程度地采用了选修制。

美丽的哈佛大学校园

哈佛大学要成为一流的学府，必须建设一支高水平的教师队伍。教师是知识的源泉和学术热情的喷放者，教育水平和质量的高低取决于他们。尤其是高水平而且恪尽职守的教授不仅会推动大学的进步，而且是推动人类知识和学术进步的重要力量。然而，要建立和保持一支优秀的教师群体并非易事，最直接的原因是大学教师工作艰辛而薪水微薄。在美国资本主义市场经济条件下，"君子忧道固贫"的观念是没有市场

美丽的哈佛大学校园

的，所以大学很难吸引有杰出才能的人来此安心工作。艾略特竭力呼吁要普遍提高教师待遇，特别要不惜重金聘请最优秀的人才到大学任教。大学不仅要解决好教师的生活待遇问题，而且要提供专门基金，充实他们的治学设备，为他们的教学和学术研究提供最大的便利条件，使他们能够从学术和教学之外的单调琐碎之事中解脱出来，专心学术与教学。艾略特担任校长后的第一个重大举措就是提高教师工资，把教授的年薪由3000美元提高到4000美元，而当时美国主要大学教授的年薪都在3000美元以下。这样哈佛大学几乎可以聘请到国内任何优秀的学者。

为了吸引优秀青年报考哈佛，也为了实现人人学习平等的机会，艾略特在主张维护入学考试的严格性的同时，又保证录取优秀的学生。大学录取学生的原则不是出身门第和财富多寡，而是青年自身的天赋和能

力。凡是具备良好品性和能力的青年，都不应由于经济原因被大学拒之门外或中途辍学。艾略特许诺，哈佛将继续坚持和不断完善奖学金制度，决不轻易地让一名具有才华的学生因缺钱而与大学教育失之交臂。艾略特反复申明，哈佛大学的贵族性特点，决不是那种植根于欧洲传统、建立在财富基础之上的愚昧、自负的等级，而是建筑在民主基础之上，聚集着一大批精英之士，他们将被造就成为国家的栋梁之才，他们将是在人类各种活动和领域中享有荣誉的佼佼者，他们在和平年代是捍卫公平与正义的贵族，他们在战争年代是第一批冲锋陷阵的贵族。

很少有人像艾略特那样，充分体现爱默生"一所大学是一个人延长的影子"的名言。没有人在把高等教育，尤其是把哈佛变成伟大的、美国骄傲的成就方面，作出比艾略特更大的贡献。40年来，这棵"新英格兰最高的栋树"，一直是"一个动力源、一个国家、一个时代"的化身。艾略特被人们尊为人民大众的圣人、民主学习的庇护人。在他1926年逝世以前，被成千上万的美国国民誉为"共和国的第一位公民"。这个头衔是西奥多·罗斯福总统首先授予他的。他同时被称为"是美国广大人民一般事务的顾问"，是一位受欢迎的先知，也是共和国的一名英雄。

走进科学的殿堂

登上哈佛讲台的中国第一人
——戈鲲化

追忆哈佛

哈佛燕京图书馆的门口总挂着一幅中国古人的照片。他是谁？有这么大的面子挂在这里。他就是120年前，哈佛大学专门从中国聘请的中文教师戈鲲化。众所周知，英国早期清教徒踏上北美大陆的第16年，即1636年，就在一个名叫剑桥的小城创立了哈佛大学。百余年之后，美利坚合众国方成立，由此可知，"先有哈佛后有美利坚"实非虚传。

在哈佛大学的蓬勃发展过程中，文、理、法、商、医各大学院陆续建立，及至1877年2月22日，曾到过中国的波士顿商人鼐德，鉴于中美贸易外交与日俱增，遂致信哈佛校长，建议哈佛与时俱进，从速开设中文课程。那一时期，英国的牛津大学、美国的耶鲁大学早在一年以前，就已尝试请中国回去的传教士开设中文课程，因无人选课而难以为继。时任哈佛校长艾略特高瞻远瞩，随即复信立表赞赏。哈佛大学在相关商会的支持下开

戈鲲化

始募款，到年底12月7日，已募专款万余，立为基金，专项用于聘请中国教师。

1879年，有一位中国人受聘到美国哈佛大学任教，这是中国第一次向西方世界的大学派出教师，去教授中国文化。他不远万里来到美国，创立哈佛大学的中文教育，在中美文化交流史上写下了自己的名字——戈鲲化。

戈鲲化（1838—1882年），字砚畇，1838生，安徽休宁人，曾在美国驻上海领馆做文书。后又进英国驻宁波领馆做事，在这里，他结识了哈佛毕业的美国官员杜德维。经杜德维的大力举荐，哈佛最终选中戈鲲化来教授中文课程。

几番周折，戈鲲化如约来到哈佛，并签订了一份工作合约，由美国时任中国奉天营口东北90里的牛庄领事鼐德先生，代表哈佛大学校长和戈鲲化共同签订，中英对照，文字简明严谨。有关内容，妙趣横生，也颇可为我们今天"尊重知识、尊重人才"引为参考。

戈鲲化

从合同文字中依稀可以想象，当时为实现这一计划，哈佛大学可谓无微不至，而中国这位年已41岁的"戈老先生"，用今天的话说，"谱"摆得也够可以了，拖儿带女不说，还要仆人随行伺候，浩浩荡荡，远比后来的留学生们阔气了许多。无论如何，戈鲲化还是依约，携一妻两儿三女及一女佣和一位女翻译，1879年7月15日由上海启程，经3周航行，取道纽约再转至麻省剑桥，8月8日才抵达哈佛。

戈鲲化的到来成了当地一大新闻。据

估计，1870年前后，美国东部的华人不过400，10年间也不过3000，高深莫测的中国士绅更是闻所未闻，为此，哈佛特请当时著名的华伦照相馆为戈鲲化全家照了8张相，在当时这可是一项奢侈的消费。

当时波士顿主要报纸都曾专门报道并配发照片，人们对这位年逾不惑、举止优雅的中国先生充满期望，对他即将开设的中文课程也详加说明。对于戈鲲化来说，美国完全是一个崭新的世界。他来到美国后，主动接受新事物，努力学习英文，很快就由原来的略通英文，发展到能比较随意地和人们交谈，甚至可以翻译自己的文章和诗歌。1879年10月22日，戈鲲化在哈佛大学正式开课。按计划，每周上课5天，每天授课1小时，学生自学2至3小时，任何有兴趣的人都可报名。然而，哈佛大学费尽周折开设的中文全新课程，并非像戈鲲化本人那么受欢迎。对于19世纪下半叶的美国来说，中国只是一个遥远而模糊的概念而已。因此，尽管哈佛对开设中文班热情有加，却几乎没有人愿意学中文。戈鲲化来哈佛后相当长的一段时间里，班里只有一个学生。

这个唯一的学生其实还是哈佛的一位教授，名叫George Martin Lane，戈鲲化给他起了一个中国名字——刘恩。刘恩年长戈鲲化15岁，曾被《美国语言学杂志》誉为"美国最伟大的拉丁语学家"，任哈佛大学拉丁文教授达43年之久。也许是出于对语言的敏感，也出于对新事物的追求，

戈鲲化

这位当时已经颇负盛名的拉丁语教授找到戈鲲化，愿意随他学中文。这件事一定极大鼓舞了戈鲲化，不仅2人之间有了深厚的友谊，而且两个家庭后来也来往频繁。

哈佛的精神，可能正是在这种甘于寂寞、善于坚持中不断塑造成功的。戈鲲化在哈佛的学生最多时也仅有5人。他上课时总爱穿清朝官服，以示中国传统的师道尊严。他的教学以内容丰富、准备充分和技巧高超而深受好评。两年多下来，至少有一名洋学生可以流利地说中国官话了，这无疑使戈鲲化很受鼓舞。

戈鲲化任教时期的哈佛大学一角

戈鲲化在哈佛的生活丰富多彩，除了教课，也应邀到教授俱乐部参加宴会或发表演讲。在哈佛，戈鲲化更喜欢用中国诗歌来传达中国文化。在一个名叫"纸莎草"俱乐部的聚会上，他曾应邀讲话，在起立致意并用英文自我介绍后,随即用中文抑扬顿挫地现场吟诗一首,引起听众强烈的好奇和极大的兴趣,一致以热烈的掌声要求他再来一首。戈鲲化于是再次起立,又背诵一首自己创作的诗,然后优雅地鞠躬、告退。戈鲲化儒雅的风度,使与会者为之倾倒。1880年哈佛大学毕业典礼上,戈鲲化更被哈佛校长奉为上宾。

当然,作为初登西洋的旧时代学者,戈鲲化也难免要留下点名人轶事,最典型的一出要算1879年秋,刚到哈佛的戈鲲化,带着妻儿和一个仆人,住进了剑桥路717号。不久,外国同事们惊奇地发现,他把仆人安排住在二楼主卧室,而自己一家却挤在小阁楼上。当人们建议他,应该让仆人住在楼上,他却解释道:尊卑有别,怎能让仆人住在自己的头上呢?这一笑谈也在后来的中国留学生中广为流传。可能正是这种带有几分神秘色彩和典型中国文化传统的东方学者形象,给人们留下了难以忘记的印象。

遗憾的是,戈鲲化在哈佛任期未满,就于1882年2月因感冒转为肺炎,多方治疗无效,14日下午在哈佛家中撒手而去。

戈鲲化去世后,哈佛大学为他举行了隆重的葬礼。仪式由哈佛大学神学院院长埃沃瑞特牧师主持,哈佛大学校长艾略特,校董胡泼,刘恩教授,美国在中国的海关税务司杜德维,萧德先生,中国第一位赴美留学生、时任"选带幼童出洋肄业局"副监督的容闳以及哈佛教职员和众多学生还有其家人参加了葬礼。

此后,艾略特校长又和刘恩等4人联名写信倡议,为戈鲲化夫人、孩子募捐。按照合同,如果戈鲲化不幸在任职期间去世,他的妻儿将被送回上海,但回国后,如何维持一个6口之家的生活,并保证孩子们有良好的教育呢?哈佛人并没有人走茶凉,而是善始善终。戈鲲化死后,募捐委员会陆续募集了大约4000美元,作为其家人日后的开销。当年

推荐戈鲲化的杜德维,则受哈佛大学委托,全程护送戈鲲化遗体及家人,取道旧金山、横滨,返回上海。到中国后,杜德维对戈鲲化遗属悉心关照,帮他们在上海找房子安家,为孩子们联系教会学校,对捐款的使用也做了妥善安排。

如今,戈鲲化1880年在美出生仅14个月又夭折的三儿子的相片、价值212.5美元的船票、当年医生为其治病的处方收费单据以及杜德维运棺收据等,均被收藏在哈佛校史档案室。

戈鲲化的逝世也成为波士顿的一大新闻,当地报纸曾用大量篇幅加以报道,仅以《波士顿每日广告报》为例,人们发表了不少中肯的评价,其中一个片断值得回顾:

美丽的哈佛大学校园

"他不仅带给我们的街道一抹东方色彩,甚至东方式的壮观,而且带来了东方式的和谐。他的脸上溢出高贵的尊严,他浑身都笼罩着安详,他看待事物从不带有过分的好奇心,他甚至对一个外国人有时会感到的尴尬也无动于衷。这些都使我们感到,我们在向他展示文明的同

时，也应该向他学习。他使我们懂得了什么是一个富有声望、内涵深刻的学者，何以他在中国享有如此的尊严。我们也明白了，他代表着一种历史和文明。当他和我们在一起时，彼此的关系比想象中的更为平等。生活在美国社会，他按照美国人的方式行事；而回到家中，他就能让客人感到是来到了中国。这一点在许多方面都有体现。他很愿意学习《圣经》，也很尊敬《圣经》，但他知道该接受什么，也知道怎样用自己本国的哲学和宗教语言加以表述。在剑桥的3年中，他优雅的风度、谦恭的举止，他的个性，给所有接触过他的人都留下了深刻的印象。"

甚至在戈鲲化辞世7年后，一位美国传教士的儿子还在文章中提到戈鲲化，说"至今剑桥人还总是提到他优雅的性格和可贵的品质"。由此可见，戈鲲化在哈佛的出色表现，一扫所谓东亚病夫的世俗之貌，他的西行之旅虽然短暂，却在中美文化交流史上留下灿烂的一页。

戈鲲化像一颗耀眼的流星，从哈佛的天空匆匆划过，但这一事件却成为哈佛大学汉学研究不朽的源头。如今，哈佛燕京图书馆以其丰富的中文及东亚藏书，成为西方世界汉学研究的学术重镇，而戈鲲化在哈佛大学使用的若干中文书籍，也成为该馆的馆藏之始。正因如此，戈鲲化的那幅身着清朝官服的优雅照相，被悬挂在哈佛燕京图书馆的入口处，提醒每一位到此造访的学人饮水思源，有所追思。

中国语言学家赵元任

至于哈佛大学研究中国文明的兴趣，则从戈鲲化开始而一发不止，及至20世纪20年代，著名中国语言学家赵元任、文学家梅光迪等，都

曾先后应邀到哈佛教授中文。1928年开始，随着哈佛燕京学社的建立，以及后来哈佛大学东亚语言与文明系、费正清东亚研究中心等更多机构的成立，哈佛大学的汉学研究终于蓬勃发展，不仅傲视北美，而且在世界范围内也首屈一指。而这一切辉煌的历史渊源，都可以追溯到戈鲲化以及由他所引发的西方世界对中国的理性认识。

然而，直到今天，人们谈起中国近代史，往往只想起中国第一个留美学生容闳，却很少知道第一个被美国哈佛大学聘请的中国学者戈鲲化。100多年来，他的名字几乎不为世人所知，而美国朝野对中国文化以及中国学者认真学习的态度，更是鲜为人知。

走进科学的殿堂

造就斯坦福

　　1884年，一对衣着简陋、名叫斯坦福的夫妇坐火车去了波士顿。他们到了目的地后，就直接找到哈佛大学。当这对夫妇怯生生地走进校长接待室，穿着破旧手织套装的斯坦福先生轻声地对校长秘书说："对不起，我们没有预约。但是，我们想见校长。"

　　校长秘书眉头一皱："噢，校长，他整天都很忙。"

哈佛大学图书馆

　　"没关系，我们可以等他。"穿着褪色方格棉布衣的妻子微笑着说。

　　几个小时过去了，秘书没再答理他们。秘书不明白这对看似乡下来

青年才俊的王国——哈佛大学

的夫妇和哈佛大学有什么关系，她希望他们气馁，然后自动离开。可看来他们丝毫没有要走的意思，尽管不太情愿，秘书还是决定去打扰一下艾略特校长。

"可能，他们只需要见您几分钟。"秘书对校长说。

艾略特校长的确很忙，也不太愿意将太多的时间花费在那些他看来无关紧要的人身上。但还是点头同意会见客人。

一见面，斯坦福女士就告诉艾略特校长："我们的儿子进入哈佛一年了，他爱哈佛大学。他在这里很快乐。"

"夫人，谢谢您的儿子爱哈佛大学。您知道，哈佛大学的学生都爱哈佛大学。"艾略特校长说。

"可是在一年前，他意外地死了。"

"噢，真是个不幸，夫人。"

"我丈夫和我想在学校的某个地方为他竖立一个纪念物。"

哈佛大学

追忆哈佛

艾略特校长被这个想法感动了，但他说："非常遗憾，夫人！您知道，我们不可能为每一个进入哈佛大学死去的人竖立纪念物。如果这么做，这哈佛大学不就成为公墓了吗？"

"噢，对不起，先生！"女士赶紧解释，"我们并不想要竖立一尊雕像。我们只是想说，我们愿给哈佛大学建座楼。"

校长的目光落在这对夫妇粗糙简陋的着装上，惊叫道："一栋楼！你们知道事实上修建一栋楼要花费多少钱？哈佛大学种植的植物，价值就超过750万美元！"

斯坦福女士沉默了。此时的艾略特校长也松了口气，因为他终于可以和这夫妇俩说再见，而忙别的事情去了。

此时，斯坦福太太转过身平静地对她的丈夫说："亲爱的，这笔耗费不是可以另开一所大学吗？为什么我们不建立一所自己的学校呢？"

面对艾略特校长的一脸疑惑，她丈夫坦然地点了点头。

斯坦福大学

这对夫妇走了，他们远离美国东岸，去了西部的加利福尼亚州。在那里他们建立了以自己名字命名的大学——斯坦福大学!

　　这两所大学的地理位置正好处于美国一东一西,哈佛成立于殖民时期的1636年,历史悠久,沉积深厚;斯坦福则成立于1891年,年岁"幼稚",功底尚浅。哈佛建校的年代是神学观念盛行的时代,因而哈佛主要是为了培养和造就"上帝的仆人"——神职人员而建立。斯坦福则不同,它的建校年代正是美国西部开发、工业革命蓬勃向前发展的时期,因而当时人们关注的中心不是灵魂的拯救,而是人类文化知识和现代科学技术的传授。因此,同是享誉世界的名牌私立大学,哈佛和斯坦福在建校目的上存在着巨大的差别。

斯坦福大学校园一景

　　斯坦福大学成为美国最著名的学府之一,由于其声誉和水平与哈佛不相上下,所以它又有"美国西部哈佛"之称。事实上艾略特校长可

能没有想到，离他而去的斯坦福先生不是一般的人，而是一位拥有大量铁路的铁路大亨，是一位超级富翁。让艾略特校长始料不及的是，这对夫妇后来用其姓名命名的斯坦福大学会与哈佛大学并驾齐驱，成为美国首屈一指的名校。人不可貌相，因为艾略特一时的大意却成就了斯坦福大学。

忆哈佛

哈 佛 魅 力

校园男女同校的先河

莱德克利芙学院建于1879年，专收女生，是美国一所著名的女子学院，也是誉满全球的妇女学术团体。学院最初名为"哈佛附属学院"，成立15年后，又以安·莱德克利芙的名字命名。1894年，在查尔斯·艾略特的倡议下，原本只招收女生的莱德克利芙女子学院正式并入哈佛大学。这所在当时7所女子学院中有"女子哈佛"之称的学院在并入哈佛后，也曾引发了许多人的争议，其中有人同意，有人反对。

在美国教育发展历史上，早期的美国还是相当的保守。社会争取男女受教育平等的道路远比大家想象的艰难，即便是在哈佛这么一个人类文明最前沿的学府，进步也是缓慢和困难重重的。

在早先殖民地时期，妇女同他们的丈夫一样，辛勤劳动，在荒野里披荆斩棘，开创家业。移民活动的顺利进行，需要男女互相协作。生活的艰苦使得很多男子早早衰亡。因此，年轻的寡妇接过丈夫的职责，外出谋生以弥补家用，这在当时极为常见。

当环境更加安定、旧大陆的传统向美国妇女袭来时，她们在追求平等方面却停步不前了。到19世纪初期，尽管仍有少数妇女在工厂工作，或担任小学教师，但大多数都待在家里照顾孩子和家务。在男人看来，家里是她们最保险、最安全的地方，她们不必费心劳神地去接受教育，

走进科学的殿堂

也不必去搞政治、做生意，干那些俗不可耐的事情。

19世纪的美国，女孩子的学历普遍比较低。女孩子一旦受过小学教育，可以在缝纫、音乐、礼仪这些课目上得以提高，但不能去学习像高等数学、科学、历史等这类"适合男子的"课程。直到南北战争以后，才开始在波士顿、费城及其他城市出现女子中学，教一些有学术气息的课程。

渐渐地，由于公共教育的成长和随之而来的对训练有素的教师的需求，女子教育得到了极好的发展。因为当时女教师工资不到男教师工资的一半。所以，一些有经济头脑的教育行政官员很快就意识到，让妇女接受教育以填补教室里的空缺是明智的。

哈佛魅力

哈佛大学一景

最早在美国主张妇女应该受教育而且最有影响的人物之一是埃玛·

威拉德。她没有在校系统学习，而是自学了代数、几何、地理和历史，作为私人教师，她把这些课程再教给年轻姑娘。在她的学生求知热情的鼓舞之下，威拉德夫人不顾一般人的成见——开发智力有损于女孩子的健康，坚持实现她的宏伟目标。在呼吁纽约州州长和州议会为她通过一份特许证之后，1819年，她在沃特福利用公家和私人的赠款开办了特洛伊女子学院。除宗教和家政课目外，她还讲授她本人掌握的学科，其中包括她大胆开设的生理学这门课。威拉德夫人也对在职女教师提供受训机会，促使她们更加胜任工作，并获取与男子所得差距较小的薪金。为了使妇女尽可能多地受到教育，她还倡导为家境贫寒的女大学生筹措贷款，待学生毕业找到工作后再偿还。

奥柏林学院

第一个男女同校的试验是在俄亥俄州的奥柏林联合学院（现在的奥柏林学院）进行的。1833年，女子开始获准进入中学班级。1837年，女子也获准进入学院学习。1841年，一名女子在奥柏林学院获得文学学士学位,她也是第一个获得美国大学学士学位的女子。

尽管奥柏林学院是美国第一所允许女子攻读学位的学院,但埃玛·威拉德教育思想的主要继承者却是玛丽·莱昂创办的德芒特霍利约克女子学院。德芒特霍利约克女子学院是第一所专为女子创办的高等学府,莱昂小姐为19世纪60年代与70年代兴办女子学院开辟了道路。她要求她的学院应受到财政上的资助;学生来源不应受家庭收入的限制;学生应该有机会学习多种课程,而不应局限于家政和师资训练方面的课目。

莱德克利芙女子学院成立于1879年,建校时只有27名学生。建校初期,莱德克利芙女子学院就在与哈佛校园仅隔一条马路的地方选址,这样一来,莱德克利芙女子学院可以共享哈佛的雄厚师资力量。莱德克利芙和哈佛达成协议——女子学院只能私自聘请哈佛大学的教授去兼课,而女学生们却绝不允许去哈佛的教室听课。如此一来,百年来,哈佛只是男人们的世界。

然而进步是不可阻挡的。1911年,爱美琳·潘克赫斯特,这位因为在英国第一个争取妇女选举权而数次坐牢的传奇女子,受哈佛的一个学生组织邀请来到哈佛演讲。学校竟然以哈佛的历史上还没有妇女在学校演讲为由,不允许演讲占用学校的教室。事情很棘手,无奈之下潘克赫斯特只好在学校外找了个地方演讲。这件事情却像导火线,激起了大家对男女不平等的社会现实的强烈不满。很多学生和已经毕业的校友们纷纷组织起来,在哈佛校园里举行大规模的示威游行。以哈佛大学为中心的一场争取妇女权利的运动迅速波及全国。要不是接连爆发战争和经济危机的缘故,也许原来缓慢的争取妇女权力的历史脚步会加快许多,但是战争的特殊状况也打破了原来的"禁区"制度。"二战"期间,哈

青年才俊的王国——哈佛大学

佛大学不少男生参了军，在莱德克利芙学院就读的女生才被允许到哈佛大学听课。学校允许莱德克利芙女子学院的女生和哈佛大学的男生们在同一教室听课，这样一堵古老的"男尊女卑"的墙，终于慢慢地坍塌了。

战争结束的头一年，哈佛大学医学院招收了第一批女研究生。随后，法学院、商学院、设计学院、科学艺术学院都相继对女人们开启了关闭300年的大门。

1948年，海伦·矛德·康穆成为第一位哈佛大学的女性教授。在聘任仪式上，她称这是"人类曾经迷失方向的人性缓慢前进的一步"。1955年，莱德克利芙女子学院的毕业生，双目失明的海伦·凯勒成为第一位被哈佛大学授予荣誉博士的女士。海伦两岁就因一场疾病失去了听觉、视觉和说话的能力，但却凭着难以想象的毅力和对生活的勇气完成了一件件惊人的举动。在她的身上，凝聚了女性不屈的韧性和顽强的生命力，即使是再固执再传统的旧思维，也不得不因为如此坚强的毅力而缴械投降。后来，莱德克利芙女子学院培养出了"杰克逊夫人"巴巴拉·瓦德、巴基斯坦

海伦·凯勒

哈佛大学一景

哈佛魅力

女总理贝·布托，法学家朱利亚·克利丝塔法等名人，一同分享捍卫妇女尊严的殊荣。

从 20 世纪六七十年代起，要求均衡男女生比例的呼声日趋强烈，女生们在哈佛校园里甚至以裸奔形式抗议男女生招生比例的严重失调。如今很多院系女生的人数比男生还多。但是每年的 4 月，哈佛的学生在校园内集体裸奔的传统却一直保存了下来，这大概是提醒后人不要忘记那段历史。

威德纳纪念图书馆

一个老妇人在泰坦尼克号玉殒冰海的那场大灾难中侥幸逃生,但却从此失去了丈夫和儿子。谁也没有料到,这位幸免于难的老妇,却在哈佛大学为他的儿子建起了另外一条不沉的大船,一个满载人类知识精华的宏伟图书馆——威德纳纪念图书馆。

哈佛大学一景

威德纳纪念图书馆是哈佛大学最大的图书馆,也是北美洲三大图书馆之一。这是一座典型的希腊科林斯式建筑,门前12根巨大的圆柱,矗立于宽广的阶梯之上,显得十分宏伟。走近图书馆前厅,迎面有两块

走进科学的殿堂

浮雕，一块写有图书馆来历："本图书馆为追忆爱子亨利·威德纳由其母亲爱莉诺·威德纳捐建。"另一块记录了威德纳简况："亨利·威德纳，生于1885年1月3日，哈佛大学毕业，1912年4月15日因泰坦尼克沉船逝于海上。"

哈佛大学图书馆始建于1638年，是美国历史最久的图书馆。其藏书为世界大学图书馆之冠，仅书籍一项就在1300万册以上，这些统计还不包括手稿、地图、档案、照片等其他资料。所有馆藏分布在90多个分馆或阅览室中，这些分馆绝大多数位于波士顿和哈佛大学所在的剑桥城，也有一些分馆在华盛顿特区甚至意大利的佛罗伦萨。哈佛图书馆之大也成为哈佛人津津乐道的一个话题。

哈佛大学图书馆一景

早年哈佛大学图书馆曾经遭遇过大火，损失惨重。此后人们发现一个简单的道理：不能把所有的鸡蛋放在一个篮子里。于是，哈佛的图书馆也像细胞分裂一样，越来越多。分馆再多，也不会群龙无首，如今统领哈佛大学所有图书馆的标志性主馆，就是位于哈佛校园中心地带的威德纳纪念图书馆。

威德纳这位在"泰坦尼克"沉船事件中遇难的校友，在遗嘱里指定死后将所有藏书悉数捐给培养他的母校——哈佛大学。1903年，威德纳进入哈佛大学学习，专业是历史。威德纳家族素有收藏的爱好，威德纳则喜欢收藏图书。在他大学三年级时，威德纳开始购买各种精致珍贵的图书。他的这个爱好也得到家里人的支持。曾经有一回，威德纳的母亲为了补足儿子的《莎士比亚全集》的第一卷，专程派人到伦敦竞拍，最后以高达5000美元的价格购回。

1907年，威德纳从哈佛大学毕业并加入了家族企业。当时威德纳就有一个心愿，希望把自己的藏书捐献给哈佛大学。1912年，春风得意的威德纳和父母一起登上了泰坦尼克号，不料此行竟成为他们幸福家庭终结的航程。在后来的灾难中，和电影里描述的一样，母亲作为女士优先登上了逃命的小舟，而威德纳和他的父亲却永远留在了冰冷的北大西洋海底。

死里逃生的威德纳的母亲，虽然继承了丈夫的遗产，和从前一样富有，却再也不能和儿子天伦共享。为了感念儿子对哈佛大学的热爱，也为了满足儿子生前的愿望，她倾其所有，捐资兴建了哈佛大学最为壮观的威德纳图书馆。老太太对图书馆的样式、馆藏设计等等，都倾心关注，直到全馆最终落成，又将威德纳生前藏书一并捐出，以供后学利用。

要办一所大学并不难，要在短时间内为一所大学筹募资金也不难，但是一个民族持续300多年痴心不改，尽力默默地帮助着这个大学，这

走进科学的殿堂

样一种生生不息的精神，恐怕是比管理经验、硬件条件等等更加值得人们学习和注意的。哈佛300多年来的每一个进步，都离不开那些钟情教育的有心人的无私捐助，这也为今天哈佛的发展奠定了一种美好的传统。

燕京学社

哈佛燕京学社英文全称为 Harvard – Yenching Institute，是由美国人发起并资助，哈佛大学与燕京大学联合组成的汉学研究机构。其本部设于哈佛大学，在燕京大学设北平办公处。哈佛燕京学社的建立，要从司徒雷登说起。

哈佛大学一景

为解决办学经费，司徒雷登在燕京大学任职期间，几乎每年都回美

走进科学的殿堂

国去募钱。一次偶然机会，他了解到美国铝业大王查尔斯·马丁霍尔（1863—1914年）有一笔巨额遗产捐作教育基金，遗嘱申明将其中一部分作为研究中国文化之用。

霍尔于1863年12月6日出生于俄亥俄州一位传教士家庭，家境贫寒。1885年毕业于奥伯林学院，1886年，霍尔发明以电解提炼铝土，在纽约州尼加拉瀑布、宾州等地经营铝业致富。1914年，霍尔在佛罗里达州去世，遗嘱命将部分财产给美国基督教会等（另赠奥伯林、伯瑞亚两个学院），并立意资助教会在亚洲主办高等教育事业和学术研究上面，包括亚洲大陆、土耳其和欧洲巴尔干半岛等。

哈佛魅力

哈佛大学一景

霍尔如此心仪中国文化，缘于年轻时两个中国留学生给他留下的良好印象。故于离世之前在遗嘱中作出如上安排，并提出在美国和中国各

选一所大学，联合组成一个机构，以执行研究中国文化的计划。霍尔逝世于第一次世界大战爆发之年，数年后他的遗嘱付诸实施。

司徒雷登本想争取燕大作为中方大学入选以得到这笔款项，但终因燕大刚刚成立，远不及北京大学之声名赫赫，故遗嘱执行团在美国选上了哈佛大学，在中国相中了北京大学，使司徒雷登的如意算盘落空。然而不久之后发生的事情，对司徒雷登无异于天赐良机。

哈佛大学得到霍尔捐款后，开始执行汉学研究计划。1924年，哈佛大学派久住上海的美国人华尔纳去敦煌千佛洞"考古"。华尔纳到敦煌后，以70两银子"香火钱"收买庙祝，将千佛洞部分壁画连同泥皮剥下来，装运回国，引起当地人民的极大愤慨。翌年，哈佛大学又派华尔纳组织了一个小型"敦煌考古队"来到中国，同时要求北京大学偕同前往敦煌"考古"。地方当局鉴于华尔纳前番的行径，对"考古队"虽客客气气，却寻找种种借口，多方限制。华尔纳之流乘兴而来，败兴而归，仅拍了一些照片带回去交差。"敦煌考古队"也宣告解散。

燕京大学的一个学生曾是华尔纳的译员，"敦煌考古队"解散后，该生返校复学。司徒雷登从其口中了解到华尔纳与北京大学合作考古失败的情形之后，大做文章。辗转将此事告之中国教育部次长秦汾，后由教育部知会外交部，以华尔纳违反国际法为由，向美国驻北京公使提出抗议。事情虽被美国政府敷衍过去，但哈佛大学觉得太丢面子，既迁怒于华尔纳，也不满意北京大学。司徒雷登趁此机会积极活动，于1926年赶回美国，以燕京大学的名义与哈佛大学协商合作研究中国文化，结果大告成功。1928年春，哈佛燕京学社正式成立。

哈佛燕京学社北平办公处设执行干事一人，由生于中国的美国人傅晨光首任其职。傅曾任燕京大学文理科科长、哲学系教授兼主任。1939年傅晨光卸任，由洪煨莲、司太雷、聂崇歧、陈观胜等先后继任，其职

走进科学的殿堂

责是监督和分配款项用途。1941年太平洋战争爆发,北平沦为日寇占领区,燕京大学被迫于1942年迁往四川成都,哈佛燕京学社在成都继续活动。日本投降后,燕京大学回迁,学社亦恢复其北平办公处。新中国成立后,燕京大学于1951年春改为公立,翌年并入北京大学,哈佛燕京学社北平办公处亦随之撤销,前后度过了23个春秋。

为了培养汉学人才,该社在燕京大学和哈佛大学同时招收研究生,两校合作培养。为配合研究,学社在哈佛大学建立"汉和图书馆",专藏中、日文书籍。到20世纪40年代末,馆藏达10万册,为汉学研究提供了充足的文献保障。在燕京大学,从1928年起,学社逐年拨款购书,少则三四千,多则万余元。收藏对象主要为线装古籍,亦有部分日

哈佛魅力

北京大学未名湖

文和西文东方学书刊,全部入藏燕京大学图书馆。据查,燕大图书馆成

立之初，藏书不过三四万册，因系教会学校，藏书以西文为主。自 1928 年始获学社购书款后，不断补充中国古籍，至 50 年代，所藏图书（不计报刊）约 40 余万册，其中四分之三是用此款购入。学社在书刊出版方面也是成绩卓著。哈佛大学在美国出版了《哈佛亚洲学报》和专刊。哈佛燕京学社没有研究人员，包括社长在内才七八个人，这些人虽然也是某一领域的专家，但日常工作则是管理资金运作以及项目开展。基金会旗下的哈佛燕京图书馆也不过几十人，以管理图书为业，但学社的学术交流令业内人士称道。

哈佛燕京学社

学社现任第六任社长是杜维明教授，他于东海大学毕业后，到哈佛取得博士学位。1995 年，杜维明教授应印度哲学委员会之邀，在南亚五大学府发表国家讲座，1996 年出任哈佛燕京学社社长，1999 年更荣膺哈佛大学燕京学社中国历史及哲学与儒家研究讲座教授,此教席为英语世界里第一次以"儒学研究"命名的讲座教授。

在哈佛大学或各大学院的学者心目中,杜维明教授的确是当代新儒家第三代的代表人物之一,他多年来致力于儒学的第三期发展、文化中国及现代精神的反思。他始终奉献儒学,辛勤从事讲学研究。杜维明教授毫不懈怠地奔波于台大、北大、香港、新加坡、马来西亚、巴黎、东京、温哥华、斯德哥尔摩、新德里、开普敦、伊斯坦堡、丹麦等高深学院,讲授儒家哲学,并由比较宗教学、伦理学、美学的视野,来阐明儒家传统及其现代化。

杜维明教授介绍,哈佛燕京学社资助的项目主要有访问学人、博士奖学金、博士培训以及资助书刊杂志的出版和发行。杜维明说:"我们资助的学者都是学术界的带头人,从1954年开始,在中国以外的东亚地区已资助过700多位,在中国内地也有几百位了。这是哈佛燕京学社的骄傲。"

人文之光

精神之父——爱默生

爱默生被认为是美国19世纪最伟大的人物之一,他的人本主义思想和自立主张对美国人民和美国历史的发展影响深远。

1803年5月25日,爱默生生于马萨诸塞州波士顿的一个牧师家庭。他的生命几乎横贯19世纪的美国,他出生时候的美国热闹却混沌。他

哈佛大学神学院

走进科学的殿堂

14岁进入哈佛大学，17岁毕业，然后从事教学数年。1826年，他步入父亲的后尘，进入哈佛神学院学习，次年被获准讲道。1828年，爱默生成为波士顿第二教堂的牧师，这个教堂属于当时在新英格兰占据优势的唯一神教派。

1821年的春季，是日后美国最著名的思想家、散文作家、诗人拉尔夫·爱默生在哈佛大学高年级的最后一个学期。那年他刚满18岁。毕业典礼前，他将作为班级的诗人出席，这个荣誉并不引人注目，班上其他6个同学已经拒绝了这份荣耀。尽管他对诗歌非常认真，但在其他方面却并不是一个出色的学生，而且也未被选进优秀毕业生荣誉学会。

爱默生个子高而且清瘦，早在14岁的时候就几乎达到6英尺。他面色苍白，高高的罗马鼻子和蓝色的眼睛充满热望。他精神饱满，有一种孩子气的笨拙，但他身上有一种奇特的沉着，甚至没有人看到过他奔跑、慌乱过。爱默生的一位同班同学回忆说，爱默生当年只是一个校内的普通学生，像其他年轻人一样，并没有过人之处。他的课外阅读很广泛，至少三倍于课程的要求。他已经养成早上4点半或5点起床处理书信和笔记本的习惯。

爱默生

在爱默生生活的时代，当时的哈佛规模还很小，是一半为年轻人进行普通学习的学校，一半为高层次研究的中心，只有不足250名学生。爱默生所在的年级有60个学生，他们中大部分来自马萨诸塞和新英格兰。南方学生比例很大，爱默生的11个同班同学中，来自南卡罗来纳

的占班级的28%。当时美国小孩一般12岁或14岁进入学院，17岁或18岁毕业。

在哈佛学习时，爱默生非常贫穷，他也强烈地感到了这一点。如果那时要是有钱的话，他的大学生活可能会完全不同，家庭环境是他贫穷的主要原因。母亲的房费、他兄弟和自己的学费，均依靠在缅因州教书的哥哥威廉的工资。学院里其他同学一年的花费是600美元，而爱默生4年的花费还不到300美元，足可见其当时的艰苦。学院第一年他争取到一个作为"校长的新生"工读的位置，负责校长交给的差事，从而免去了学费。后来爱默生又获得一份给贫困学生的奖学金，这份奖学金是以房屋租金收入的形式给学院的。作为奖学金的获得者，爱默生不得不自己跑到租房者那里去收取租金。

哈佛大学一景

走进科学的殿堂

入学一年之后，爱默生逐渐适应了学院的生活，他参加了好几个俱乐部，其中之一是他帮助筹建的。除了上课、学习、课外阅读、俱乐部活动，他每天还要抽出时间步行到剑桥的一个乡村地区，这个地区被称为"甜蜜的奥本"，是因哥尔德斯密斯的诗歌《荒凉的村庄》中的小镇而得名的。他对自然怀有强烈的感情，当春日厚厚的云层终于在 6 月的晴空中消失时，他兴奋地写道："我喜爱夏日清晨美丽如画、灿烂的景色，它会激起人们对自然炽烈的赞赏，燃烧起新的激情。"

大学后院有一个操场，每天中午都有班级足球赛，在那里会交到许多新的朋友。爱默生认识了一个名叫马丁·盖的新生，他曾在笔记中大胆地描述了他和盖交换目光时所感到震撼的力量。对这样首先通过目光所产生的征服，爱默生在一生中都是敏感的，当然大多数是触及女人的目光。后来他写过目光能怎样迅速地唤起感情的深深投入，并有一类称为"目光"的理论。日后，他划去了笔记中有关马丁·盖的部分，但他最初的手稿仍然显示了他过去所感受到的真实感情空间。

哈佛良好的教育给爱默生日后的发展奠定了坚实的基础，爱默生像别的学生一样学习了一整套必修课程。他自由奔放而不墨守陈规，能在很多途径中去发挥自己。宗教教育是学校的一部分，爱默生阅读了培利和巴特勒为基督教所作的广泛充分的辩护，这是以理性和严肃思考论证宗教的后自然神论，并且与 18 世纪科学思潮保持一致性的不朽著作。爱默生所用的学习《新约全书》的学院教科书，也包含了一次神学的革命历史。他极其强调希腊文和拉丁文的学习，他用希腊文能够阅读《伊利亚特》和《新约全书》。在上拉丁文课时，他读了西塞罗、贺拉斯、尤维纳利斯、贺佩尔西乌斯以及雨果·格劳秀斯的《基督教教义》。他也学习数学，例如代数、平面几何和立体几何。他在第一年就选了罗马历史，在高年级他研修了美国宪政体制，阅读《联邦主义选集》。在科学方面，他研修了物理学（固体、机械、静态、空气、电子和光学），三年级是天文学，高年级是化学，他也读了政治经济学。哲学方面，他选修了形式逻辑中的课程，还学习了杜格尔德·斯图尔特和威廉·培利德伦理哲学的概论和德文选以及洛克的文章。爱默生在英语上也有一定兴趣。一年级的时候，他读了约翰·沃尔克的《修辞法则》，这是一本集中讨论演说、朗读、对公众演讲的书，而沃尔克关心的是"正确"的讲演。二年级的时候，爱默生学习了布莱尔的经典作品《修辞学讲义》，并写了大量的作文，提出了一种清晰、合理、广泛可接受的英语载体。他不是把语言修辞看作是"学校的发明创造"，而看作是平民大众充满激情、热情洋溢讲演的自然修饰。

爱默生的兴趣广泛，所修的课程涉及多方面。他自己后来提到，尽管人们已经知道学校对天才是有敌意的，却仍送自己的孩子去学校，仍希望他们得到最好的教育。这说明在某些方面，学校提供的完整、正确、有用的训练还是非常有必要的。

哈佛大学一景

爱默生在大学时期的写作显示出他是一位不可思议的保守青年。他讨厌无聊的数学，当然这门课程他学得很差。比起化学和物理学中那些"可憎的恩菲尔德课程"，他更喜欢他的文学课程。他常说自己的思想是平凡的，他认为历史就是世袭帝制的没落，他的观点立场与道德化的基本立场相同。他大学时期曾创作诗歌《印度的迷信》，他站在欧洲基督教徒的优势立场，把印度描绘成枯燥、恐怖、卑躬，简直是对印度神话的种族偏见。他以一种清教徒的态度竭力反对剧场和戏剧，在宗教方面他有一种对人类本性的恶化和世界末日正在来临的保守看法。

大学三年级的时候是爱默生学生生涯的一个重要转折点。从1819年12月起，他开始记录他阅读过的书目。1820年1月初，他开始用记事本记录阅读中的摘录和评论他读过的书以及他创作的诗歌。他决定为鲍登比赛写一篇论文参加竞争。1月下旬，他开始了被自己称之为"宽广世界"的系列笔记的第一册。2月里，他以沃尔多为署名开始了写作。

英国作家弗朗西斯·培根

爱默生狂热地参加着自己在学校的各项活动。在三年级末，他读书、写作、讲演、散步，除了学校的功课和家里的来信外，从1819年12月到1820年2月，他开始阅读英国浪漫主义文学。他读了拜伦的《唐璜》、本·琼森的《生活》、乔安娜·贝莉的戏剧、塞缪尔·罗杰斯的诗歌《人类生命》、爱德华·钱宁的《就职演说》、托马斯·坎贝尔《论英格兰诗歌》、托马斯·布莱克维尔的《荷马的生平与写作》、华盛顿·欧文的《见闻札记》、培根的《随笔》、司各特的《特里尔曼的婚礼》、米尔曼的《萨摩尔》和《快乐城的君主》以及新出版的《北美评论》。他喜欢偏向于富有想象力的文学作品，他对柏拉图的思想有独到的见解，他更愿意从文学家和散文家的角度来理解对自己影响巨大的培根。

在哈佛的最后一年半里,爱默生有关宗教内容的笔记,包括从无所不在的世界末日的传统观念,到"上帝无时不在"的思想观点。他认为这是"一个崇高的良好题目"。这些思想的共同点使其兴趣不在教义或者神学上,而是在对宗教的个人体验上。

毕业5年后,爱默生再入哈佛神学院进修,次年被获准讲道,不久就成为波士顿第二教堂牧师。后来他因为不赞成这一教派的某些教义,被迫放弃神职,于1833年开始周游欧洲列国,先后拜访了浪漫主义运动的先驱人物兰道尔、柯勒律治、华兹华斯等,还与卡莱尔等结成了莫逆之交,并深受康德先验论哲学的影响。

爱默生回国后,在1836年发表的文章《论自然》中提出的以及在他以后著作中进一步发挥的超验主义认为,只有人的直观才能发现宇宙的真理。他认为,人必须脱离日常生活经验和观察的管理,使其置身于一个可以使人内心自由活动的安静环境中,才可以达到这种境界。

1837年爱默生在对哈佛大学奥利弗·贝·卡联谊会上以《美国学者》为题发表了一篇著名的演讲词,强烈抨击美国社会中灵魂从属于金钱的"拜金主义",以及资本主义劳动大分工使人异化为物的现象,强调人的价值,并宣告美国文学已脱离英国文学而独立。他号召发扬民族自尊心,告诫美国学者不要让学究习气蔓延,不要盲目地追随传统,不要进行纯粹的模仿,他说,"我们从属于别人的日子,我们长期学习其他国家文化的日子已经结束。我们对于欧洲宫廷文艺女神已经倾听得太久了",这被霍姆斯誉为美国思想文化领域的"独立宣言"。

此时,美国的文化首都,已经由纽约重新回到了新英格兰来,在那里一大批有才华的人写出了许多现在已被公认的杰作。新文化的潮流以康科德派文人为代表,康科德派以爱默生的家乡康科德而得名,这个派

别的大部分成员都是爱默生及其超验哲学的忠实信徒。自1836年开始，爱默生、阿尔科特、里普利等人在波士顿的康科德不定期地聚会讨论"神学与哲学的不良状况"，还出版发行了一个文学刊物——《日晷》，并建立了两个乌托邦式的公社——"小溪农场"和"花果园地"。这就

纽约风光

使信奉这派思想的人有机会离开城市，靠耕地自食其力，并接受其他超验主义者的精神鼓励。后来这两个乌托邦社会都失败了，只有爱默生的另一位校友亨利·梭罗依靠坚强的意志，在瓦尔登湖畔的森林和爱默生的土地上，把超验主义变成一个有成效的试验。

在许多人的眼中，爱默生是一个怪人：他既没有生活目标，又放弃了一切唾手可得的名利，从不追逐世俗的蝇营狗苟。其实不然，一代巨匠有着自己的追求——世间一切美好的事物。只不过这种追求出自本能，有它内在的逻辑，不足为外人道哉。

沃兹沃斯楼

在哈佛老庭院内，有一座命名为沃兹沃斯的楼，这里曾经住过很多名人，其中包括编《美国词典》的伍斯特。独立战争中，华盛顿把这

哈佛大学一景

里充当临时指挥部。现在这里又被称为朗费罗国家历史遗址，是哈佛大学最著名的历史遗迹之一。之所以有这样的称谓，全因为它和美国伟大

诗人亨利·沃兹沃斯·朗费罗之间的一段渊源。朗费罗作为诗人在世界大名鼎鼎，他的人生颂诗有着众多的读者。朗费罗在哈佛大学任教时，在此居住达45年之久。他的许多脍炙人口的诗篇包括《保罗·里维尔飞骑报信》，均诞生于此。

亨利·沃兹沃斯·朗费罗，美国19世纪著名诗人，1807年出生于缅因州波特兰城一个律师家庭，少年时与大作家霍桑是同班同学。

1822年，朗费罗进入博多因学院，大学毕业后主要职业是当欧洲语言教授。他先后到过法国、西班牙、意大利和德国，致力于研究这些国家的语言和文学，后在哈佛大学执教18年（1837—1854年）。

1837年，朗费罗来到哈佛教授语言学，当时他才华横溢，不但文采飞扬，且精通数十种语言。起初，这位新来的教授看上去虽然有些低调，但是他的外貌和举止还是非常引人注目——玫瑰色浸染的面颊，深蓝色的瞳仁，卷曲的头发，身着鲜明颜色的衣服，领带、马夹、手套和手杖无不令人眼前一亮，此外，他的举手投足间都相当潇洒。他每日总是平静地吃完早餐喝完茶，便不声不响地步入讲堂将欧洲文化和浪漫主义作家的作品传授给为他魅力所深深吸引的学生们。授课一结束，他又会把自己关在屋子里。不久后的某日，不知出于何种原因，朗费罗的装束突然有了巨大的改变——远远地看上去，他更像是一块黑色的岩石，他甚至连寸步不离的手杖也换成黑色。好在这只是外在的改变，他依然保有那颗浪漫而细腻的心。

1839年，朗费罗的第一部诗集《夜吟》问世，其中包括著名的《夜的

朗费罗

赞歌》、《生命颂》、《群星之光》等音韵优美的抒情诗。1841年，他又出版诗集《歌谣及其他》，既有叙事诗《铠甲骷髅》、《金星号遇难》，也有叙事中含有简朴哲理的《乡村铁匠》、《向更高处攀登》等，诗中洋溢着激人奋发的精神和乐观情绪。时至今日，波士顿周边的人仍能从他那些关于新英格兰的诗句中读出海洋的咸味以及铁杉树淡淡的芳香。这两部诗集在大西洋两岸风靡一时，朗费罗从此以一名诗人的身份闻名于世。

朗费罗的主要诗作包括3首长篇叙事诗或"通俗史诗"：即《伊凡吉林》（1847年）、《海华沙之歌》和《迈尔斯·斯坦狄什的求婚》（1858年）。《海华沙之歌》是采用印第安人传说而精心构思的长诗，写印第安人领袖海华沙一生克敌制胜的英雄业绩以及他结束部落混战，教人民种植玉米，清理河道，消除疾病等重要贡献。在美国文学史上这是描写印第安人的第一部史诗，但诗的素材主要来源于斯库尔克拉夫特的著作，作者缺乏直接的生活体验。诗的韵律完全模仿芬兰史诗《卡勒瓦拉》，当时虽然受到了读者的赞赏，却遭到后代一些评论家的诟病。

朗费罗

从1843年起，朗费罗夫妇在幽静的克雷吉别墅中度过了17年幸福的家庭生活。1861年，不幸降临在朗费罗身上，与他相濡以沫17载的夫人在一场大火中丧生。这场意外使他悲痛万分。为了摆脱精神上的重负，朗费罗开始投身于但丁《神曲》的翻译工作，还写就了6首关于但丁的十四行诗（他诗作中之极品）。其《路畔旅舍的故事》（1863年）大体上仿效乔叟的《坎特伯雷故事集》，以《基督》命名的三部曲诗剧则于1872年完成。

朗费罗晚年笔耕不辍，创作了大量的抒情诗、歌谣、叙事诗和诗剧，备受世人推崇，在美国广为传诵。他的作品在欧洲也受到名家赞赏，有着20余种文字的译本，远隔重洋的牛津大学和剑桥大学更是分别授予他荣誉博士学位。就在他75岁大寿那天，美国各地的学校都为其举行庆祝活动。1882年3月24日，朗费罗溘然长逝，英国伦敦威斯敏斯特教堂诗人角为他矗立起胸像，他成为第一位获此殊荣的美国诗人。

哈佛自然也无法忘怀这位"语言学教授"，不但将朗费罗居住过的小楼以他的名字命名，还特意将其房间内的家具和陈设保持原来的样貌，以供后人瞻仰。而今，这座小楼虽然是哈佛大学图书馆馆长和校友会的办公室，却由国家公园管理处管理，购票后才能参观。

意大利诗人但丁

诺贝尔文学巨匠——艾略特

托马斯·史滕斯·艾略特,1948年诺贝尔文学奖得主,伟大的现代派诗人和文学评论家。1888年,艾略特出生于美国密苏里州圣路易斯。祖父是华盛顿大学的奠基人,父亲是一个富裕的商人,母亲热心慈善事业并从事诗歌创作。因此,这样的家庭有能力让艾略特接受彻底的欧洲式教育。

艾略特于1906年进入哈佛大学攻读哲学,在此期间还研究诗人多恩和但丁以及伊丽莎白和詹姆士时代的剧作家,这对他日后从事的文学批评起了重要作用。他精通法语和意大利文以及古老的拉丁文和希腊文。他还熟读欧洲哲学。艾略特从美国哈佛大学毕业后,到欧洲居住。

托马斯·艾略特

1908年,艾略特从赛门斯(1865—1945年)的论著《文学的象征运动》这部书接触到法国现代派诗作,影响了他1915—1917年的诗歌创作。第一次世界大战爆发时,他在英国牛津大学研读希腊哲学,1916年完成论述英国新黑格尔派布拉德莱哲学的哈佛大学博士论文。1915

走进科学的殿堂

年是他人生道路的重大转折,他放弃以哲学研究为终身职业,转向诗歌创作和文学批评。在伦敦定居后,他起初教授拉丁文与法文,1917 至 1920 年,艾略特在劳德银行当职员,还曾担任先锋派杂志《自我中心者》的助理编辑。1922 年,他创办具有世界影响的文学评论季刊《标准》,并任主编,直到 1939 年停刊。1927 年他成为英国公民并加入英国国教,声称自己"文学上是古典主义者,政治上是保王派,宗教上是英国天主教徒"。1947 年获哈佛大学名誉博士学位,1948 年因诗歌《四个四重奏》获诺贝尔文学奖金,被认为是第二次世界大战前用英语写作的最有影响的诗人,对英美现代派文学及新批评派评论起了开拓作用。主要诗作包括《普鲁弗洛克的情歌》(1915 年)、《一位夫人的写照》(1915 年)、《小老头》(1919 年)、《荒原》(1922 年)、《空心人》(1925 年)、《灰星期三》(1930 年)、《四个四重奏》(1935—1941 年)。最著名的诗剧是《大教堂凶杀案》(1935 年)。最有影响的文学评论有《传统与个人才能》(1917 年)、《批评的功能》(1923 年)、《诗歌的用途和批评的用途》(1933 年)。

人文之光

艾略特

艾略特在他的诗歌中所关注的问题,也在他的文学评论中得到展示。他发表过研究但丁、乔治·哈伯特、伊丽莎白时代的戏剧,17 世纪诗歌的著作,还出版了多种论述社会和宗教、研究多种美学问题的论文集。他最重要的著作之一是《圣林》(1920 年),收有艾略特著名的论文《传统与个人才能》。在这篇论文

中，他谈到传统的能动性，强调诗本身而不是诗人个性的重要性。这些观念也包含在艾略特的诗中，他的诗歌不断地表现过去与现在之间的联系。他宣称，这是一种艺术家可以通过对传统的贡献和反思而重构传统的方式。在这种重构的过程中，艾略特说，艺术家必须通过"不断的自我牺牲"压抑个性。现代诗歌中最重要的应该是诗本身，而不是诗的创作者的个人风格。他不仅宣扬这种观点，自己也身体力行。

艾略特写了5部戏剧：《大教堂谋杀案》（1935年）、《合家团圆》（1939年）、《鸡尾酒会》（1949年）、《机要秘书》（1953年）、《政界元老》（1958年）。宗教主题在每一部戏剧中都得到体现，5部戏剧都在伦敦和纽约百老汇成功上演。这些剧作都用韵文写成，它们显示了艾略特试图探索他在诗中涉及过的同样的主题，只不过这次是将它们搬上了舞台。

《荒原》是艾略特最著名的一首长诗。剑桥文学丛书中《艾略特指南》的编辑，英国约克大学教授穆迪说：《荒原》令一些人非常兴奋，他们认为这首诗代表了诗歌写作领域一个前所未有的、积极的进步。不过绝大多数人都并没有

《荒原》

理解这首诗,因为荒原和以往的诗歌完全不同,需要一种全新的理解方式。正如斯特拉文斯基的音乐要求人用不同的方式听,毕加索的画要求人用不同的方式看那样,人们需要一定的适应阶段。虽然《荒原》开始会令人觉得困惑不解,但是只要你意识到这首长诗实际上是许多零散片断的集合,就会了解到艾略特的匠心。这首诗反映了艾略特眼中欧洲所处的危机,但穆迪认为它也反映出了艾略特本身所处的危机。另外,艾略特写《荒原》时候,个人生活和婚姻中也都存在着危机。另外一个重要的因素是,他给自己定了一个目标,想从整体上了解欧洲精神。也有学者认为,《荒原》表现的是一个富有教养和智慧的心灵,在一个似乎疯狂的世界中努力维持本身清醒的斗争。知名的爱尔兰文学评论家、美国纽约大学的多诺休教授发表了一本有关艾略特的专著,他说,"艾略特早期的诗作往往令人觉得他已经山穷水尽,有时简直只差一点儿就要发疯了。我的意思是,他的早期作品洋溢着一种激情,一种非常危险的激情,因此它们既带有文雅和谦恭,但同时也令人深信在文雅和谦恭的表层下,有最阴暗的东西存在。"不过,约克大学的穆迪教授则认为,《荒原》始终是乐观的,这首诗像一曲戏剧,是一出使用诗意手法表现如何在绝望中尽力发现希望的戏剧。诗中充满苦难、悲痛、忧伤和挫折,不过它一直在寻求美和宁静。在《荒原》中,他描写了处于精神和文化危机中的现代社会以及从现代社会中寻求到的支离破碎的经验和相对稳定的文化遗产的冲突。从这方面说,《荒原》是一部寻求精神上的家园的诗歌,并使得艾略特蜚声中外。

《四个四重奏》是在1944年发表的,当时艾略特已经是当时最有名的现代派诗人,同时还是有影响的评论家和剧作家。他不仅在事业上取得了成功,在生活中,他也为在《荒原》和《普鲁弗罗克的情歌》等早期作品中体现出的怀疑和苦恼找到了答案。而这个答案就是宗教,多诺休教授说：有一段时间，大概10到15年吧。艾略特开始逐渐认为，任何试图缓解战争灾难的努力、任何进行重建的努力，只要不是以宗教为基础，就只是回避现实。他认为，绝大多数社会科学特别是政治活动都是不知羞耻的公然回避。最基本的问题是罪恶、谴责和获得救赎的可能。艾略特开始认为，除了宗教，其他一切都只是在掩盖问题而已。正是《四个四重奏》为艾略特得到了诺贝尔文学奖，得到了文学界最具影响的肯定。

尽管艾略特的诗作广为流传，但却很少有人了解艾略特其人，一般的评论都把他说成是一个不爱抛头露面，孤高、谨慎，甚至冷漠的人。多诺休教授说：我只和他见过一次面，那是在伦敦他的办公室里。他的确深藏不露，他当时主要问了一些关于我个人生活方面的问题。他绝不是一个冷漠的人，不过他也没觉得有必要对我格外热情。不过我相信他在私下是最有激情的诗人。说他的诗感情冷漠简直是荒唐透顶，尤其是他早期的诗，里面带有不同寻常的、几

《四个四重奏》

乎不受压制的热情，穆迪教授也有类似的看法。像他特别指出的那样，艾略特中年时还专门为孩子们写了一本滑稽诗集《猫》。所谓严肃诗人只是艾略特的一面，是一种人为制造的形象，而不是艾略特的全貌。其实他从小也在写滑稽诗甚至是淫秽诗，诗集《猫》是他为孩子们创作的。其中的作品都是轻松诙谐的，他也借此在磨炼他写作的技巧，寻找适当的字眼和节奏，并把它们组合成美丽的诗篇。艾略特创作的群

"猫"一直深受欢迎,到了20世纪80年代,更进一步成为全球最卖座的一出音乐喜剧的主角。

艾略特在1927年加入英国国籍,成为英国公民。1965年1月4日,艾略特在伦敦逝世,骨灰埋在撒莫塞特郡东库克村的英国国教教堂。近年来,在文学界内部他的名声有所下降,一是因为宗教信仰已经不再流行,另外就是有人指责说艾略特的作品中带有反犹太人偏见。不过,在文学界之外,他的作品仍然受到广泛的喜爱。比如千禧年来临之际,英国索尔兹伯里大教堂就以在法国作曲家梅斯扬的《时间终结四重奏》音乐伴奏下朗诵了《四个四重奏》送别旧世纪,迎来新千年。多诺休教授深信,即使数百年过去,人们仍然会读艾略特的诗。

《猫》

艾略特的诗除带有粗糙之处,也带有不羁的感情,是杰出的现代诗。不管我们对现代诗的定义如何改变,他的诗都无疑会占据中心位置。人们对他评价的高低可能会有一些变化,但他作为伟大的现代派诗人之一的地位是永远不可磨灭的。

创造逆合成分析法

伊利亚斯·J·科里，1928年7月12日出生于美国马萨诸塞州的梅休因市。家里共有4个孩子，科里排行老四。父亲伊利亚斯是一个非常成功的商人，但他在小科里出生18个月后就去世了。因为年幼，科里对父亲一点印象也没有。父亲在当地很有影响，其才华、品行都受到人

马萨诸塞州风光

们的尊敬。父亲的朋友常在小科里面前讲述他父亲的事迹，并鼓励科里好好学习，长大后成为一个有出息的人，为父亲争光。科里的母亲法蒂奴是一位慈爱而坚强的女性，在20世纪20年代末至30年代大萧条和

走进科学的殿堂

第二次世界大战的困难时期,她顽强地一个人承担起抚养和教育子女的责任。母亲的坚强性格和优良品行,令亲友和邻居们肃然起敬,赞不绝口。母亲在科里的心中是神圣而伟大的,幼年的科里暗下决心,一定要为母亲争气。

科里5岁时就到附近小镇的圣劳伦斯小学读书,这是一所教会学校,老师由修女们担任。母亲送科里到这所学校读书的目的是希望他有更多的机会弹风琴或参加学校合唱队,因为家里没有多余的钱供他学钢琴和小提琴。在姨妈的严格要求下,科里学会了有条不紊地学习,他对所有的课程都很喜欢,特别是算术课,这是小学里唯一的一门有关自然科学的课程。当然,科里对音乐也十分爱好。12岁小学毕业后,科里又进入了劳伦斯公立中学读书。经过4年的学习,16岁时科里中学毕业了。经过精心准备,1945年7月科里顺利地考入了大学。

当时科里只知道努力学习,多掌握一些知识,至于对未来的职业,却从来没有认真地考虑过。由于中学时科里很喜欢数学课,学一门与数学关系密切的专业就成了科里的想法。那时电子工程是技术发展的前沿学科,十分吸引人,而且对数学要求也很高,于是科里就选择了这一专业。

刚进大学时,科里对所有的课程都喜欢,认真地听课。但是没过多久情况就发生了变化,科里开始对化学情有独钟。这是因为科里的化学老师

E. J. 科里

讲课十分出色又非常热心,特别是化学的每一个问题,都要在实验室逐

一得到验证和解决，这正是科里的兴趣所在。化学的地位在科里的心中日益提高，他不由自主地将注意力从电子工程转到了化学，特别是有机化学。有机化学内的规律和有机物质特殊结构能够给人以美的感受，有机物质对人体健康有重大作用，这激发了科里对这一未知领域的强烈兴趣。

毕业后的数十年里，科里一直在哈佛大学工作。他在天然产物的结构、立体化学和合成技术等方面都取得了很好的成绩，并人工合成了结构极为复杂的天然产物。1956年初，科里被聘任为化学教授，当时年仅27岁。然而，不幸的事接踵而来。1957年9月份，科里刚到哈佛不久，姨夫约翰去世了。科里两天前还去看过姨夫，而两天后这位善良、思想高尚、被科里当做父亲一样热爱的人就永远离开人世了。回想起幼年时代在姨夫和姨妈哺育下的成长经历，回想起他们为了4个孩子所花费的心血，科里禁不住陷入深深的悲痛之中。带着孤独和悲伤，科里迈着沉重的脚步又重新回到自己的实验室。他静静地坐着，思前想后，最终想明白了：悲痛无济于事，唯有潜心钻研，作出成绩，才是对姨夫最好的纪念。

科里的研究小组在哈佛大学日益壮大，他们同时着手许多新的科研项目。科里与许多协作者合成了几百个重要的天然产物，其中最突出的是1969年他们已合成全部的天然前腺素及其无数衍生物。由于这些成果，"使人们延长了寿命，享受到了更高层次的生活"。这些天然产物的化学结构都非常复杂，虽然植物和动物可以很容易地生产出这些结构复杂的天然产物，但在科里之前，人们运用有机化学反应生产这些产物，或者是极为困难或者是根本生产不出来。

科里之所以能得心应手地进行天然产物的合成，关键在于他总结出一套具有严格逻辑性的"逆合成分析原理"，这个原理是科里1967年提出来的。简单通俗地说，就是把要合成的天然产物的分子，在合适的键上进行分割，就好像把一部机器按零件拆开一样。这样一个大分子就被分成许多小分子，这些小分子还可以按上述原则再分成更小的分子，直到这些小小的分子构成的物质是有商品出售的有机物为止。这样，用一些结构简单的物质作原料，来合成复杂的有机物就变得非常容易了。科里因为在"有机合成理论与方法方面的杰出贡献"而荣获1990年度诺贝尔化学奖。

科里是哈佛大学著名化学教授，正如诺贝尔奖评选委员会所说："可能没有哪一位化学家像他那样开创了如此广泛而多样的合成方法，这些方法显示出独创性和简捷性，在有机合成实验室里已被普遍采用。"在20世纪60年代初期，科里创造了"逆合成分析方法"，这一方法改变了有机合成化学100年来的设计都是针对特定问题提出来的，没有一个普遍适用的分析方法的状况。

科里的逆合成分析理论，还带动了计算机在有机合成中的应用。科里将逆合成分析与计算机结合，研制成功逻辑与启发应用于合成分析的计算机程序，利用它可得出前体结构树。

诺贝尔化学奖奖章

可以毫不夸张地说，有机化学史上还没有多少人能够与科里相提并论。如今，科里的"逆合成分析原理"和有机合成路线计算机辅助设计程

序，已为世界各地的许多大学和科研单位所采用。"科里研究家族"大约有150名大学教授以及数量更大的制药和化学工业的科技工作者，他们组成了一个亲密合作的大家庭。正是他们的共同努力，才创造出辉煌的科学成就。

科里在谈到他如何取得科研成果时感慨地说："能够参加学术教育和成为化学研究的领头人，特别是对许多不同国家的科学发展作出了贡献，是我的好运。我的研究家族在我的生活中起着特别重要的作用，我所获得的大部分荣誉属于这个教授家族、我的老师和同事，而与我无关。"

科里如果没有由母亲、姨父、姨妈等亲人组成的大家庭，他就不会成为一名科学家，他从这个大家庭中所得到的温暖和教育，是他一生受用不尽的"财富"。而由众多科技同行组成的大家庭，促使科里在学术上取得很多杰出成就，这个大家庭形成的合作精神和奋发探索的活力，也是科里享受不尽的乐趣所在。正是这两个幸福的大家庭，使科里一步步地向生活和事业的巅峰挺进。

走进科学的殿堂

最了解艾滋病病毒的人——何大一

何大一,美籍华裔科学家,艾滋病鸡尾酒疗法的发明人。何大一祖籍江西省新余市,1952年11月3日出生于台湾省台中市。父亲何步基为其取"大一"这个名字,是取自庄子言"其大无外谓之大一"。在何大一9岁的时候,其父亲何步基赴美国谋生,何大一12岁时移民美国加利福尼亚州洛杉矶市,与其父亲团聚。

何大一在美国通过语言关后,在初、高中的学习成绩都名列前茅。1970年高中毕业后,何大一考入美国麻省理工学院,先后在麻省理工学院及加州理工学院主修物理学和数学。何大一1974年以第一名的成绩获得学士学位。同年入哈佛大学就读,于1978年获得哈佛大学医学院医学博士学位。

1978—1982年,何大一在加州大学洛杉矶分校医学院,进行了内科和传染病学的临床实践。1981年,何大一在洛杉矶Cedars—Sinai医学中心当见习医生时,接触到了最早发现的一批艾滋病病例。1982—1985年,何大一在马萨诸塞州

何大一

综合医院，又再一次进行内科和传染病学的临床实践。

何大一是世界上最早认识到艾滋病是由病毒引起的科学家之一，也是首先阐明艾滋病病毒复制多样性的科学家之一。正是基于这种理解，何大一和他的同事们致力于研究联合抗病毒疗法，即鸡尾酒疗法。这种疗法将蛋白酶抑制剂药物和核苷类逆转录酶抑制剂及非核苷类逆转录酶抑制剂药物组合使用，能更有效地治疗艾滋病。1996年，鸡尾酒疗法在发达国家使用以来，有效降低了艾滋病人死亡率。何大一因发明艾滋病鸡尾酒疗法，1996年被美国《时代》周刊评选为当年的年度风云人物。2001年1月，美国时任总统克林顿向他颁发了"总统国民勋章"。

何大一20多年在艾滋病方面的研究，发表有关论文超过250篇。在这个方面，他被称为"可能是全球最了解艾滋病病毒的人之一"。

何大一与鸡尾酒疗法

1999年，何大一及其同事又发现人体免疫系统T细胞中的CD8可以有效对抗艾滋病病毒。2000年，又研制出C型艾滋病疫苗，目前已进入临床实验阶段。

走进科学的殿堂

2002年6月，何大一拒绝去香港大学担任校长的邀请，但答应双方合作成立艾滋病研究中心。2003年4月，何大一与香港方面合作致力于SARS研究，希望在短期内能找到疫苗和疗法。

2003年春，非典病毒肆虐华夏大地，何大一暂缓手中艾滋病研究，马不停蹄地寻求对抗非典病毒的药物和方法。应中国科技部部长徐冠华邀请，5月11日晚，何大一从香港抵达北京，他立刻地赶到中国协和医科大学与中国科学家一起召开非典防治研讨会。

2003年10月，何大一专程回国与"中国防治艾滋病公益大使"濮存昕一起联袂出演防治艾滋病公益广告。他拉来美国盖茨·美琳达基金会赞助，邀请艾滋病携带者、NBA"魔术师"约翰逊与中国篮球明星、"中国艾滋病防治行动"宣传大使姚明合作，拍摄预防艾滋病宣传短片在中国播放。

10多年来，何大一几乎每年都来中国，支持国内的艾滋病防治工作。他领导的阿伦·戴蒙德艾滋病研究中心则提供技术和资金支持，在湖北省建立了5个项目点，力争艾滋病母婴传染率从30%降至2%。

2004年1月5日，中国工程院宣布何大一当选2003年度外籍院士，何大一说："能够当选中国工程院外籍院士，我感到非常荣幸。这是一份非常美好的新年礼物。我将尽己所能继续回报中国，凭借我的专长，在帮助中国抗击艾滋病和非典方面做出贡献。作为一名中国工程院院士，我渴望、也希望能为此承担更多责任。同时，我也要向支持我的中国同事和朋友表示深深谢意。"

何大一

青年才俊的王国——哈佛大学

"原子弹之父"——奥本海默

　　罗伯特·奥本海默（1904年4月22日—1967年2月18日）是美国犹太人物理学家。他研究原子能，成绩斐然，被誉为"原子弹之父"。

　　奥本海默出生于美国纽约，父亲是位企业家、绅士，母亲是位画家，家庭很富有。父母经常请乐队来家里演奏交响乐。小奥本海默沉着、冷静，常常听得入迷。

　　在他5岁那年，祖父给他一包矿石，小奥本海默很感兴趣，一小块一小块仔细观察、捉摸。他还到公园去研究矿石，到山上去考察，并在家里专设一间放书和矿石的房屋。11岁时，他使用成人语言写了一封很有学问的信，题目叫《曼哈顿岛上的岩石》。第二天，他收到一份邀请，请他到纽约俱乐部的学术会上去演讲，这可把小奥本海默吓坏了。一个11岁的孩子，怎么能到有关矿石的学术研讨会上去演讲呢？他告诉父亲不愿意参加这个会，但父亲热衷于成名，非让他去不可。那天晚上，父母陪他到了会议厅。当这位小小年纪的学

奥本海默

人文之光

者坐上主讲台时，会场爆发出雷鸣般的掌声。热情的掌声让小奥本海默惊呆了。但他很快恢复了自信，开始精彩演说，讲演十分成功。

父母见奥本海默有天才，把他送到纽约的伦理教化学校读书。这是一所专门培养天才儿童的学校，学校除了学一般课程外，还学习烹调、缝纫、木工等劳动技术课。

奥本海默在这个学校里勤奋学习、孜孜不倦。一个夏天，他用了6个星期学完了整整一年的化学课程。他喜爱和大人交往，因为大人知识丰富，有许多他不知道的东西。

奥本海默的中唯唯一运动爱好是划船。父亲专门为他买了条船，供他运动。当他以第一名的成绩毕业于伦理教化学校时，父亲高兴地带他去欧洲旅行。奥本海默喜爱矿石，旅行为他创造了采撷岩石标本的大好机会。

哈佛大学一景

奥本海默1922年进入哈佛大学学习物理学，1925年毕业于哈佛大学,同年到英国剑桥大学深造,加入到著名的卡文迪许实验室。1927年获德国格丁根大学博士学位,随即被哈佛大学和加州理工学院推选为国家研究员。

1942年8月,奥本海默被任命为研制原子弹的"曼哈顿计划"的实验室主任,在新墨西哥州建立洛斯阿拉莫斯试验室。1943年初,他负责原子弹基地建设工作。1945年,由他组建并领导的洛斯阿拉莫斯实验室在极短的时间内把原子弹从理论变成了现实,但这一标志着人类智慧的科技成果却书写了人类历史上灾难最为深重的一页。原子弹爆炸时升腾的蘑菇云成为一切有良知、爱和平的科学家们心灵上永不愈合的创伤,奥本海默带着沉痛的反省和自责转而投身到原子能的和平利用和国际控制等工作之中。1947年,奥本海默担任原子能委员会总顾问委员会主席,这个委员会和爱因斯坦一起反对试制氢弹,认为会引起军备竞赛,威胁世界和平。

20世纪30年代,美国发生经济大萧条,奥本海默开始对共产主义理论感兴趣。1937年他父亲去世为他留下30万美元的遗产,他用来资助西班牙内战中反法西斯的国际纵队,并资助了美国的一些左翼活动。因此在麦卡锡主义横行时,他被指控为与共产党人合作、包庇苏联间谍、反对制造氢弹等罪名。1953年美国政府对他进行审查,没有发现其犯有叛国罪的证据,但仍决定他不能再接触军事机密,于是解除了他的职务。被解职后,奥

奥本海默

本海默继续从事教学工作，美国科学家联合会为对他的审查进行抗议，认为他是麦卡锡主义的牺牲品。肯尼迪担任总统后，建议以为他颁发"费米奖"的方式平反。肯尼迪遇刺后，他的继任约翰逊于1963年为奥本海默颁发了费米奖和5万美元的奖金，但只是形式上的恢复名誉，仍然不允许他介入军事秘密。

奥本海默于1966年退休，1967年在普林斯顿去世，许多科学家参加了他的葬礼。遵照他的遗嘱，人们将他火化并把他的骨灰撒到维尔京群岛。

人文之光

政界领袖

"独立摇篮"中的亚当斯

约翰·亚当斯，曾任美国第一任副总统和第二任总统，《独立宣言》的起草人之一。

1735年10月30日，约翰·亚当斯出生在马萨诸塞州，是亚孔·约翰·亚当斯和苏珊娜·博伊尔斯顿·亚当斯的长子。亚当斯的父亲是一位英格兰清教徒的后裔，他既是制鞋匠，又是牧师、农夫，还兼任着民意代表等职，拥有数百公顷土地的大农场。约翰·亚当斯从小聪慧过人，享有"神童"的美誉。他20岁时就获得了哈佛大学法学院的硕士学位，并成了一名受人尊敬的律师。

约翰·亚当斯

1764年，亚当斯与艾比盖尔·史密斯结婚。艾比盖尔不但是贤妻良母，还是一位作家。他们有三个儿子，一个女儿。约翰·亚当斯诞生地的那幢房子，被美国人称为"美国独立的摇篮"，现在房中的陈设仍和当年一模一样。

约翰·亚当斯1772年被选为马萨诸塞州众议员，1774年参加第一次大陆会议，1775年参加第二次大陆会议，1776年参加《独立宣言》五人起草委员会，1777年出使法国，1778年返国参加宪法起草工作。美国独立后，亚当斯被任命为首任驻英公使。1784年，约翰·亚当斯代表独立前的美国出任驻英国大使，四年后任期届满回国。在此期间，他买下了位于现昆西市亚当斯街135号的豪宅，并命名为"和平田地"。这座大宅子拥有20多个房间，周围是大片的绿地和典型的18世纪风格的花园，亚当斯家族曾有四代人在此生活。1846年，亚当斯的后人将这幢房子捐献给了国家，从此，这里成为"亚当斯国家历史公园"的一部分，以纪念亚当斯父子对国家的贡献。

约翰·亚当斯是美国独立运动的主要领导人之一，与华盛顿和杰斐逊一起，被誉为美国独立运动的"三杰"。在美国独立战争期间，他临危受命，出使法国和荷兰，参与缔结和平协定，使这两个当时主要的欧洲大国站在了为独立而苦苦拼争的美国一边，打破了英国殖民主义者将这个新生的国家扼杀在摇篮里的企图，为不被当时绝大多数国家所承认的初生的美国争得了极其宝贵的物质和道义援助。

作为美国独立运动最重要的领导人之一，约翰·亚当斯在独立战争后被选为第一和第二届国会议员。1789年至1797年，约翰·亚当斯在开国元勋华盛顿的班底中连任两届副总统。1797年3月，他在大选中以微弱优势击败了自己在独立战争中的老战友托马斯·杰斐逊，成为第二任美国总统。

华盛顿总统

在约翰·亚当斯的任期内，因为两个重要因素的影响，美国开国元勋们最初的梦想——建立一个超然于政党之外的纯洁的政治体系，彻底破灭了。其原因之一是基于多数原则，原因之二是法国大革命。多数原则，要求联合，越稳定越好，因而政党是不可或缺的，法国大革命则在意识形态上分化了这种联合。以约翰·亚当斯为首的民主党人，面对以杰斐逊为首的共和党人的挑战，牢牢地把持着权力。1798年，约翰·亚当斯提出了移民和言论法案，试图在法律上阻止共和党人在新移民中招募支持者。和预料中的一样，这些措施立刻引起了轩然大波。纽瓦克市一个小酒馆的老板（共和党人）跟跟跄跄地走上街头，刚好看到军队鸣枪十六响向老亚当斯总统致意，他便大声"祝愿"说：希望早晚有一枪能打到亚当斯胖乎乎的屁股上。

杰斐逊

但约翰·亚当斯最严重的危机不是来源于共和党人的崛起，他与自己的密友和政治上坚定的支持者、美国开国元勋之一的汉密尔顿闹僵了，他轻蔑地称汉密尔顿为"苏格兰小贩的乳臭未干的私生子"，汉密尔顿则写了本小册子指责约翰·亚当斯的不足。汉密尔顿的倒戈令共和党人大喜过望，把他的小册子称为"天上掉下来的馅饼"。杰斐逊高兴地意识到，共和党人很可能取得绝对的胜利。他猜对了，民主党人的内部分裂给了共和党和杰斐逊可乘之机，从而使杰斐逊在1800年的总统选举中获得了胜利。

1800年11月，在新一届总统大选前夕，约翰·亚当斯完成了一件在美国历史上影响深远的大事——把首都从费城迁到华盛顿，使自己成

走进科学的殿堂

为首位入主白宫的总统。但在几天后举行的大选中,约翰·亚当斯以几乎同样的劣势败给了杰斐逊。形势的逆转来得太快、太猝不及防了,约翰·亚当斯还没把白宫椭圆形办公室的椅子焐热呢。大选失败的约翰·亚当斯表现出了君子风度,他真诚地向杰斐逊道贺,离开了自己一手打造的白宫,回到了老家昆西市,并在此度过了他的余生。1826年7月4日,是约翰·亚当斯参与起草的美国独立宣言诞生40周年纪念日,也是美国的国庆日,这一天,90岁高龄的约翰·亚当斯在昆西与世长辞。

政界领袖

青年才俊的王国——哈佛大学

蝉联四届的总统——罗斯福

谁是20世纪最伟大的人？美国《时代》周刊通过数百位当世名人的遴选，爱因斯坦、富兰克林·罗斯福及甘地得票最高。总统不得连任三届，是美国政治中不成文的传统。但是富兰克林·罗斯福则连任四届总统，这是迄今为止美国历史上唯一的一次，他是美国人民难以忘怀的伟人。

富兰克林·罗斯福（1882—1945年），美国第32任总统，出生于纽约州海德帕克镇一富豪之家。从格罗顿公学毕业后，罗斯福曾一度想进安那波利斯市的海军学院，将来当一名海军军官，但年迈的父亲坚决反对。他耐心地对罗斯福解释说，作为能够继承财产的孩子，不应该选择海军职业。因为那会远离家乡，并且生活艰苦。而学习法律，则能使一个人将来从事任何一种职业，于是罗斯福就进了哈佛大学。1900—1907年，罗斯福在哈佛大学和哥伦比亚大学学习，后在纽约当律师。1910年他当选为纽约州参议员，1913—1920年任助理海军部长，1920年竞选副总统失利。1921年8月罗斯福患脊髓灰质炎

罗斯福

政界领袖

而瘫痪，但仍积极谋求民主党内团结。1928年他当选纽约州州长，后连任。

1932年11月作为民主党总统候选人参加竞选，罗斯福提出了实行"新政"和振兴经济的纲领，以压倒多数选票当选。1933年3月罗斯福入主白宫后，对内积极推行以救济、改革和复兴为主要内容的"新政"，他抛弃了传统的自由放任主义，加强政府对经济领域的干预，实行赤字财政，大力发展公共事业来刺激经济，使美国走出了经济大危机的低谷，重新走向繁荣，维护了美国资产阶级民主制度。在外交政策上，他使美国正式承认苏联，在拉丁美洲推行睦邻政策，并反对法西斯主义的扩张。

第二次世界大战爆发后，罗斯福促使国会修改《中立法》1940年又签署《租借法案》，积极援助反法西斯国家。罗斯福就职后任用革新人物，采取果断措施，大刀阔斧地推行新政，仅用100天时间就稳定了全国局势，被一些资产阶级历史学家誉为扭转乾坤的救世主。第二次世界大战期间，罗斯福领导美国参加了世界反法西斯同盟，对战胜德、意、日法西斯作出了巨大贡献，这一切确立了他在美国和世界历史上的显赫地位。美国人往往把他与华盛顿、林肯并列，视为美国历史上最伟大的领袖之一。在1936、1940和1944年的大选中，罗斯福又连续三次当选，成为美国历史上唯一蝉联四届的总统。

罗斯福

二战后，美国的实力达到了巅峰。美国的海外投资和贸易市场遍布世界各地，黄金储备占世界的3/4，工业生产占资本主义世界的70%，美国军事基地与海外驻军几乎伸向世界各个角落，并在一段时期内独家拥有原子弹。二战彻底摧毁了欧洲列强的霸权基础，维持两次大战之间国际秩序的凡尔赛—华盛顿体系土崩瓦解，在政治、经济、军事几方面均成为世界首强的美国再次面临构造"世界新秩序"的良机。因此，罗斯福任期内，总统的权力极度膨胀，罗斯福空前绝后地四任美国总统，第二次世界大战的非常状态使美国人民赋予他巨大的权力。

1942年元旦，在罗斯福倡议下，中、美、英、苏等26国代表在华盛顿签署《联合国家宣言》，国际反法西斯同盟正式成立。1943年1月，罗斯福与丘吉尔在卡萨罗斯福布兰卡会晤，决定盟军1943年的作战方针，宣布轴心国无条件投降原则。8月，罗斯福同丘吉尔在魁北克举行会议，讨论盟军在法国开辟第二战场的"霸王"计划。罗斯福积极支持中国的抗日战争，给中国提供物资援助，派遣军事人员协助中国军队对日作战。1943年11月，他与蒋介石、丘吉尔举行开罗会议，签署《开罗宣言》，要求日本无条件投降，日本强占中国的领土，其中包括东北诸省、台湾和澎湖列岛等，应在战后归还中国，战后朝鲜应当独立等。

美国前总统富兰克林.罗斯福

长期在罗斯福手下工作的雷克斯福德·G·特格韦尔曾认真研究过罗斯福的性格与内心活动，他在1957年出版的《民主主义者罗斯福》

走进科学的殿堂

一书中分析道:"早在哈佛的时候就无法猜透富兰克林的心思,在他当总统后更是如此。他不让任何人识破他的内心活动……在他的童年和少年时代,父亲、家庭教师、皮博迪和朋友们对他的教育和影响使他养成了深沉的性格。他情感不外露,因为它可能流露出内心的激动。他以坚韧不拔的精神承受病痛、困难和失败的折磨,自幼养成既不得意忘形也不悲观失望的性格。富兰克林想把自己天生的缺陷隐藏起来,把明显的弱点掩盖起来,把幻想中重大的但还模糊不清的想法埋在心底。他最明显的一个缺陷是他成长得晚,结果在他的性格中留下一些令人不解的东西,他了解已经发生和将要发生的一些事情,但他不能准确说出为什么会发生这些事情,他尽了最大努力来掩盖这种迟疑心理。当他在哈佛毕业时,他的深沉性格实际上已发展到了顶点。"的确,坚韧不拔的隐忍和深沉的性格,使他在日后面对来自未知领域

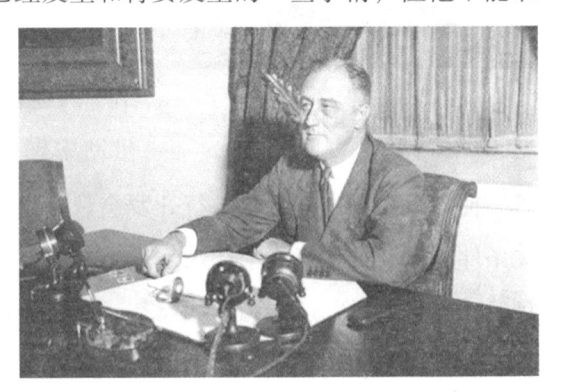

开罗会议

罗斯福

政界领袖

100

的险恶挑战时，一次次涉险过关，并显示出惊人的独创性和灵活性。

就罗斯福本人而言，他无疑是一个时代的伟人，但又是一个执着地追求美国现实利益的总统，他的行为方式更多地体现出了实用主义的倾向。正是这种不拘泥于教条理论的务实态度，才使罗斯福在内政和外交方面取得了前所未有的成功。

政界领袖

走进科学的殿堂

美国最年轻的总统——肯尼迪

政界领袖

　　约翰·肯尼迪（1917—1963年），美国第35任总统。1917年5月29日，肯尼迪生于马萨诸塞州波士顿市布鲁克林郊区富豪之家。肯尼迪的父亲约瑟夫·肯尼迪是个富有的银行家，曾任驻英大使。约瑟夫·肯尼迪的钱足够在他的9个孩子长到21岁时给他们每人100万美元。因此，约翰·肯尼迪根本用不着努力拼搏，也不必为谋生而工作。但他认为，父母把子女养大，为的是要让他们过有意义的生活，无论他们会继承多少财富。

　　肯尼迪1935年进入普林斯顿大学，但不久因害黄疸病而休学。1936年秋进入哈佛大学，1940年从哈佛大学毕业。

　　肯尼迪于1941年10月应征入伍，曾到鱼雷艇中队服役。1943年肯尼迪担任太平洋舰队PT—109号鱼雷艇指挥官。同年8月在所罗门群岛附近一次夜战中，肯尼迪的鱼雷艇被一艘日本驱逐舰击成两截，12名乘员中2人当场死亡，肯尼迪和其他幸存者在海

肯尼迪

水中抱着艇体残骸坚持了数小时之后，开始游向5公里外的一个小岛。肯尼迪背部脊椎本来就有旧伤，他竟然还能用牙齿紧紧咬住一个受伤水手救生背心上的布带游了几个小时，最终被当地人救上克罗斯岛。为表彰他的"勇气、坚韧和出色的领导能力"，他获得美国军队的最高军功章紫心勋章，并获得海军和陆战队的勋章。

1945年，肯尼迪退役后在国际新闻社任记者。1947—1953年他连任三届众议员，1953年被当选为参议员，1956年出版《勇敢者传略》一书，获普利策奖。1956年肯尼迪作为史蒂文森的伙伴竞选副总统失败，1958年肯尼迪连任参议员。1960年11月8日他以微弱的优势击败共和党人尼克松，成为第一位信奉天主教的美国总统。此时他才43岁，是美国历史上最年轻的总统。1961年1月20日，肯尼迪宣誓就职，并在白宫发表了激动人心的就职演说。他宣称：要让每一个国家知道，不论这个国家希望我们好还是坏，我们愿意付出任何代价，挑起一切重担，迎接一切艰难，支持一切朋友，反对一切敌人，目的就是保卫自由的永存和发展。

肯尼迪任期内政绩卓著。在国内，肯尼迪实行赤字预算和减税等财政措施，并以强硬手腕控制住钢铁涨价，使美国经济出现了较明显的回升。同时，肯尼迪和他的弟弟——司法部长罗伯特·肯尼迪采取一系列措施，缓和种族冲突，严厉打击种族主义者对黑人和墨西哥人的迫害，加强打击黑手党、三K党等黑社会犯罪组织，使美国国内种族矛盾有所缓和，

肯尼迪

社会秩序有所改善。在国外，1961年美国制造入侵古巴的吉隆滩事件，提出"援助"拉美的10年"争取进步联盟"计划，建立"和平队"。1962年肯尼迪利用军事威胁手段迫使赫鲁晓夫撤出运进古巴的"防御"导弹，1963年与苏联和英国签署禁止在大气层试验核武器条约，还同意设置美苏"热线"。同年9月他又发表入侵越南的政策讲话，并派25000名美军到越南，扩大侵越战争。

肯尼迪夫妇的墓

1955年9月12日，约翰·肯尼迪与杰奎琳·希维尔喜结良缘。杰奎琳系出名门，容貌秀丽，举止大方，善于交际，给美国公众留下了良好印象。

1963年11月22日在得克萨斯州达拉斯市竞选旅行时，约翰·肯尼迪遇刺身亡。刺客李·哈维·奥斯瓦德当场被捕，但两天后又被一夜总会老板杰克·鲁比所杀，使此案成为不解之谜。11月25日，执政仅1037天的肯尼迪被安葬于阿灵顿国家公墓。

权倾朝野的基辛格

亨利·艾尔弗雷德·基辛格，世界著名的美国政治学家，美国前国务卿。

亨利·基辛格1923出生于德国，犹太人。他的父亲路易亨利·基辛格是一所女子中学的班主任教师，藏书颇丰，母亲则喜欢演奏钢琴。夫妻俩要求亨利·基辛格小时候只做两件事，读书和练琴，可亨利只喜爱读书，从不抚琴。亨利·基辛格7岁那年，希特勒开始实行他那蓄谋已久的灭绝犹太人的计划，当时希特勒的青年暴徒在菲尔特横行霸道，无恶不作。亨利·基辛格和他的犹太同学常常遭到毒打，在他未满14周岁以前，就有12位亲人死在纳粹手中。出于对孩子们的教育和全家生存的考虑，1938年亨利全家去了伦敦，后来他们在伦敦姑母的帮助下去了纽约。

基辛格

走进科学的殿堂

亨利·基辛格到了纽约后,插入了乔治·华盛顿中学的秋季班。由于"有语言上的困难",亨利·基辛格在学校里很腼腆、自卑,甚至感到孤独。但在母亲的鼓励下终于熟练地掌握了语言。1943年亨利·基辛格中学毕业后,参加了美国陆军,并在北卡罗来纳州的斯帕但堡加入美国籍,开赴欧洲作战。1944年,21岁的亨利·基辛格担任第84师师长的德文翻译,进入德国,并奉命恢复克雷菲尔德城市的秩序。

亨利·基辛格作用雷厉风行,只花了两三天的时间,便成立了一个效力惊人的市政府,受到了美国将军的赞赏。亨利·基辛格在行政管理方面的卓越才能,使他在不到一年的工夫便从第970反特队的成员一跃成为黑森州贝格斯特拉斯区的负责人,直到退伍。

1947年亨利·基辛格退伍回到美国后,获得纽约州政府的奖学金,并被破格允许进入哈佛大学。他当时同时报考了哈佛大学、普林斯顿大学和哥伦比亚大学三所大学,可三所大学同时录取了他。大概是哈佛大学的历史早于其他两所大学,他便迫不及待地选择了哈佛政府学系。

从小好学上进的亨利·基辛格在入哈佛大学申请书中自称喜欢文学、音乐、写作和棒球运动,这与哈佛的氛围十分融合,但哈佛人在各种球赛中从未见过他的身影。在同学印象中,亨利

基辛格

是个整天沉默寡言和不食人间烟火的苦行僧。

亨利·基辛格住在哈佛大学克莱弗尔利楼39号楼，与他同住的也是从部队退役的犹太人，这是校方特意的安排。自从平民校长詹姆斯·科南特主政哈佛后，哈佛歧视犹太人的规定被彻底打破。而此前校方习惯在申请住房的犹太大学生名字旁打一个星作为记号，以提醒人们另眼相待。但亨利是幸运的，这种对犹太学子的歧视在亨利进入哈佛后再没有发生过。

热爱人文科学的亨利·基辛格选择政府学系，把政府学和哲学作为自己的主攻方向，受到哈佛的政府学教授威廉·艾略特的影响。艾略特教授毕业于英国牛津大学，是黑格尔的信徒，在20世纪20年代因研究欧洲史一举成名，在哈佛政府学系声望日隆，属于泰斗式的人物。亨利·基辛格第一次见到这位教授时只是忐忑不安地要求教授给他开出一摞课外阅读的书单，工作繁忙的艾略特出于礼貌给了他一个25本书的书单，算是给这个陌生的学生一个交代。亨利·基辛格快离开他办公室时，艾略特让他写一篇读书报告，对德国哲学家康德的《纯粹理性批判》和《现实理性批判》两部专著进行比较。3个月后，艾略特收到了亨利·基辛格的读书报告，不

基辛格

觉眼前一亮。老教授把年轻的亨利·基辛格视为自己的得意门生，他教

走进科学的殿堂

授给了基辛格一套完整的保守的政治哲学。

基辛格明白,他既非出身名门,又无多少家产,要谋求发展,唯一的办法是个人奋斗,所以他一进入哈佛大学校门就"两耳不闻窗外事",埋下头苦读起来。他开始想学法律或医学,但最后选修了哲学、历史和政治学,他给人的印象是一个老于世故、沉默寡言的人。基辛格常常在宿舍里苦读到凌晨两三点钟,但他不停地读书、不停地思考,什么都想吸收。但他在生活上毫不讲究,长年累月地穿着同一套衣服。他对破旧的宿舍和单调的伙食也感到无所谓,他也不去参加舞会,人们说他像一个隐士。

政界领袖

基辛格访问中国

此时在政府学系,亨利·基辛格已是一个小有名声的人物了。经过4年的刻苦学习,加上名师的指点,基辛格的各科成绩全部得"A"。由于毕业论文优秀,他获得最优等文学学士学位。因为他的毕业论文《历史的意义》从哲学家康德、黑格尔谈到历史学家斯本戈尔，再谈到诗人但丁、荷马和弥尔顿，长达385页，其专业水准令教授们大吃一惊。为了防止其他学生的毕业论文页数太多，哈佛不得不马上颁布一条校规，将本科毕业生论文的篇幅限制在130页左右。

亨利·基辛格大学毕业后曾考虑过去欧洲留学，但他已经结婚，又是犹太人，这在当时给他申请名额带来不小的障碍。亨利·基辛格最后决定，还是申请哈佛大学的博士研究生。他在申请书中表示，希望研究历史上文化与政治之间的关系，获得学位后打算在大学教学或从事研究工作，当然也不排除进政府工作的可能。

艾略特听到亨利·基辛格留校继续攻读的消息很是高兴，这时他似乎已经看出埋藏亨利·基辛格心中像火山一样的能量，这种能量一旦爆发将对世界政治产生深刻影响，而继续深造对亨利·基辛格来说也是十分必要的。

1951年，艾略特运用他作为哈佛暑期学校主任的影响，创立了哈佛国际研讨会，由亨利·基辛格主持。研讨会提供资金，邀请世界各地的政坛新秀来哈佛学习，来宾都由亨利·基辛格挑选，先后共有600多位外国嘉宾参加过哈佛国际研讨会，他得以结识了不少未来的政界要员，而当时他只有28岁。

亨利·基辛格于1952年获

俾斯麦

走进科学的殿堂

得哈佛大学文学硕士,两年后获得哲学博士学位。他的博士论文题目是《重整世界——梅特涅、卡斯特勒尔夫与1812—1822年间的问题》。梅特涅是奥地利撒尔普斯王朝的亲王,担任过奥地利首相。卡斯特勒尔夫则是当时英国的首相,与梅特涅同为维也纳和会上的主要角色。梅特涅与卡斯特勒夫原本并非亨利·基辛格论文的主角,在他们之后出场的是统一德国的俾斯麦宰相。但论文写了4年之后,仍不见俾斯麦出场,哈佛大学认为这已足够了,于是给了这篇论文很高的得分。

获得哈佛大学哲学博士学位的亨利·基辛格留在母校任教,芝加哥大学曾聘他去当教授,他拒绝了,原因是芝加哥离华盛顿的政治舞台太远,不易得到机会。基辛格满以为会受聘在哈佛大学任教,结果未能如愿。因为学校当局认为,他想在哈佛任教,仅仅是为了把教职作为飞黄腾达的阶梯,但基辛格宁愿在哈佛大学干临时工作。这期间,基辛格通宵达旦地在办公室学习和工作,连吃饭也只是匆匆忙忙吃一顿快餐了事。1957年基辛格任讲师,1959年,哈佛大学聘请他为政治学副教授,1962年聘为教授。他是学习狂,很少有时间陪伴家人,他的妻子难以忍受这些,在1964年同他离婚了。然而,经过这一段时间的刻苦学习,基辛格终于成为著名的历史学家。

在哈佛期间,基辛格完成了自己的思想建构,共发表了

政界领袖

梅特涅

几部著作，分别是：《核武器与外交政策》（1957年）、《选择的必要：美国外交政策的前景》（1961年）、《重建的世界——拿破仑之后的欧洲：革命时代的保守主义政治》（1964年，此书实际是他的博士论文）、《麻烦的伙伴：对大西洋联盟的重新评价》（1965年）。这些著作的一个共同特点是，作者深受欧洲哲学和历史经验的影响。在哲学和历史观上，他尊崇施宾格勒、汤因比和康德；在政治理念上，他成了梅特涅的信徒。有人对亨利·基辛格的人生进行疏理时认为，四位欧洲俊杰影响了亨利·基辛格的人生，他们是德国历史学家斯本戈尔、德国哲学家康德、奥地利政治家梅特涅与德国铁血宰相俾斯麦。

1952年，基辛格刚取得硕士学位，就作为参谋长联席会议心理战略小组的顾问出入华盛顿了。1953年，他担任了对外关系协会一个小组的负责人。1957年，基辛格出版了《核武器和外交政策》一书，使他引起了政界的关注。艾森豪威尔执政期间，他任外交政策方面的战略顾问。肯尼迪当总统时，他被聘为兼职顾问。约翰逊当总统后，他参与研究越南问题。1969年，尼克松上台后，把国家安全委员会当作决定外交政策的最有力机构，而把基辛格当作操纵这个机构的"总工程师"，让他担任国家安全事务助理，主要任务是替

基辛格

总统传递文件和充当总统的外交政策顾问。

亨利·基辛格离开了他苦读和执教了22年的哈佛大学，身兼总统国家安全事务助理和国务卿两个要职，一跃而成为美国对外政策方面最有影响的人物，而且成为美国政府中的第二号最有权势的人物。亨利·基辛格不仅参与美国世界战略的制定，也是美国政府政策核心领导。这时的哈佛沸腾了，他们为哈佛又诞生出一个政治明星欢欣鼓舞，但不到一年时间，哈佛人便开始向亨利·基辛格发难。

1970年5月8日中午，哈佛大学的13位资深教授专程来到华盛顿，要求紧急拜见亨利·基辛格，要求这位新上任的国家安全事务助理澄清美国对柬埔寨的军事占领，亨利·基辛格在百忙之中与远道而来的故旧共进午餐。哈佛大学本科院院长厄尔尼·梅在餐桌毫不留情地质问亨利·基辛格："亨利，你们的所作所为是从内部分裂国家，势必会产生长远影响。国内今天这种局面肯定会制约美国明天的对外政策。"接着其他教授轮流

亨利·基辛格

发言，对亨利·基辛格群起攻之。经济学教授托马斯·塞林明确指出，美国入侵柬埔寨完全是不义之战。但亨利·基辛格坚持认为，当务之急

青年才俊的王国——哈佛大学

是压越南人让步,好使美军"体面"地撤出越南南方。北越在柬埔寨屯兵积粮,从侧翼袭击南越的美国军队,美国自然要出兵扫荡柬埔寨境内的北越据点,并无道义可言。哈佛教授们与他的昔日校友争得面红耳赤,最后不欢而散。

亨利·基辛格与苏联领导人共饮香槟,试图建立一种新的对话关系。他秘密来到北京,会见中国主要领导人,为中美关系正常化努力。他频繁飞越大西洋,设法拟订结束越南战争的妥协方案。在中东,他实行"穿梭外交",从中斡旋,谋求和谈。基辛格开始为实现尼克松的对外政策四处奔走,进行各种各样的谈判。一时间,基辛格成为国际政坛上的风云人物。

亨利·基辛格

基辛格是中美恢复外交关系的关键人物。在尼克松访华之前,基辛格趁访问巴基斯坦之机,秘密到达中国。同中国领导人举行会谈,促成了尼克松访华,之后他又多次来到中国。

亨利·基辛格出任尼克松总统的国家安全事务助理,直到1977年初尼克松总统下台为止,在长达8年的两届总统任期内,亨利·基辛格作为白宫的外交智囊和国务院首脑参与制定美国外交政策,权倾朝野,

名噪一时。

尼克松

政界领袖

1977年，亨利·基辛格从美国国务卿职位上卸任后，很想回哈佛大学再重执教鞭担任教授，但被哈佛大学婉言谢绝。原因是他提出不给学生上课，而不履行教授任课职责的教授，哈佛大学是不需要的。对此，时任哈佛大学校长的博克教授解释道："亨利·基辛格是个学识渊博的人，论私交，我和他的关系也不坏。但我要的是教授，不是不上课的大人物。"

经济风云人物

凯恩斯主义的衣钵传人——托宾

1918年3月5日，詹姆斯·托宾出生于美国伊利诺伊州的香槟。2002年3月11日辞世，享年84岁。

1935年9月，托宾获得了哈佛大学提供的柯南特奖学金，进入哈佛大学学习，1939年，托宾获经济学学士学位，成为专职的经济学者。哈佛有一套留住大学部优秀学生的方法，也就是将奖学金的提供延伸至研究所。因此他的奖学金获得展延，然后顺理成章地进入研究所就读。他需要的是选修一些专业研究工具的课程，包括数理经济学理论以及统计学与计量经济学。1940年，托宾获得硕士学位。在哈佛的6年期间，托宾受到了约瑟夫·熊彼特、爱德华·张伯伦、华西里·里昂惕夫等著名经济学家的指导。

托宾

1941年，美国参加第二次世界大战后，托宾以经济专家身份在政府任职，先后在物价管理署、战时生产局工作。珍珠港事件后应征入美国海军服役，先在哥伦比亚大学进行了

走进科学的殿堂

90天军训，后任驱逐舰指挥官，随舰到达大西洋和地中海，并参加了进攻北非和法国南部以及意大利战役。退役时托宾获海军预备役上尉军衔。

1946年，托宾离开部队返回哈佛大学经济系，继续攻读经济学博士学位。1947年，他以一篇关于消费函数的理论和统计的论文获得博士学位。同年成为副研究员，他利用副研究员的薪金补习他在战时失去接触的经济学，特别是经济计量学，参加写作了《美国商业信条》，并且在《经济学与统计学评论》上发表了《流动偏好与货币政策》的文章。

1947年12月，在芝加哥举办的一次会议上，托宾受邀参与讲评一篇由马斯恰克所写的论文。托宾在会议举行前几天才收到论文，大概正好是圣诞节前夕。他埋首研读论文，把那时正怀着第一个小孩子的妻子蓓蒂冷落一旁，也顾不得与家人共度节日。不过。正因为如此，托宾才能在会议中指出马斯恰克模型中的重要瑕疵，并提供一些建设性的建议。由于这样的机缘，他曾被邀请加入考列斯委员会。1949年他到英国剑桥大学应用经济系当访问学者。

1950年以后，托宾就一直在耶鲁大学从事教学和研究工作，1955年他升为经济系教授。同年，原来设在芝加哥大学的柯立芝经济研究委

托 宾

经济风云人物

员会迁移到耶鲁大学，并更名为柯立芝基金会。1955 年至 1961 年和 1964 年至 1965 年，托宾担任基金会的主席职务。在托宾担任基金会负责人期间，他曾帮助过许多年轻的经济学家。他对其他经济学家无私帮助，赢得了同事们对他的喜爱，正像他的辉煌成就赢得了大家对他的的尊重一样。经济学界对他的尊重反映了对他宽厚、谦和的绅士风度的赞许，这在诺贝尔奖得主中很少有人能得到这样真挚美好的评价。

由于托宾在经济学界的影响，1957 年，他成为美国计量经济学会副会长，第二年又担任该学会的会长。1960 年大选后，托宾参与一个由萨缪尔逊领导的国内经济的移交任务小组。1961 年 1 月初，他在教授俱乐部午餐时，接到来自当选总统的电话，请他担任经济咨询委员会的委员。托宾说："恐怕你找错人了，总统先生。我只不过是象牙塔内的经济学者。"肯尼迪说："那最好不过了，我也会是象牙塔内的总统。"托宾说："那最好不过了。"托宾花了一两天的时间，和内人蓓蒂及他的同事交换意见，然后才同意接受这项邀请。担任美国肯尼迪总统顾问，成为总统经济委员会的三个委员之一。在这个职务上，他总共度过 1 年 8 个月的时间。

肯尼迪

1962 年 8 月托宾回到耶鲁大学任教，1964 年任美国经济学会副会长，1967 年到 1980 年间被授予锡拉丘兹大学、伊利诺伊大学、达特茅思学院、斯沃恩莫尔学院法学名誉博士及新里斯本大学经济学名誉博士称号。1968 年到 1969 年托宾任耶鲁大学经济系主任，1970 年至 1971

年任美国经济学会会长,1972年为全国科学院成员。1972年至1973年托宾到肯尼亚内罗毕大学讲学,并被该校聘为发展研究学院的客座教授。1974年至1977年他任五院行为和社会科学秘书,1974年到1978年再度出任耶鲁大学经济行为和社会科学秘书,同一时期并再度聘为耶鲁大学经济系主任。1977年托宾任美国东部经济学会会长,1979年至1982年任经济科学部主席。

1971年,时任耶鲁大学教授的托宾提出了近年来才广为人知的"托宾税",即对外汇交易征税,以避免金融市场波动过于激烈造成贫困国家的损失。尽管在操作上不无弊病,但托宾税的终极目标非常清楚,就是要将自由贸易的好处带给贫困国家。因此,一些激进的反全球化团体打着"托宾税"旗号反对他所推崇的自由贸易,显然令托宾失望至极。

与那些只会从远处以浪漫的心情想象贫困的反全球化人士不同,托宾对贫困有着切身的体会。他成长于大萧条时期的美国中西部,他说自己之所以投身于经济学,是"为了改善人类的命运"。正是抱着这种信念,1936年就读于哈佛的托宾迷上了凯恩斯的著作。在早期的学术生涯中,托宾着重研究凯恩斯的理论,并将其发扬光大。他使凯恩斯的理论更贴近于现实世界,而这番努力终于也为他赢得了诺贝尔经济学奖。

托宾获奖的学术论文,就是探讨他认为属凯恩斯及其攻击的古典经济学者双方的中心理论。他一直就在找寻凯恩斯理论的缺陷,这似乎颇令人惊讶。不过,他也不认为凯恩斯有必要在反对者的大本营中,

诺贝尔经济学奖章

坚决争取理论上的全面胜利。不论失业是长期失衡还是短期均衡的现象，凯恩斯务实的论点都不失其重要性。托宾发表的第一部专业著作，就是根据这篇论文改写而成，发表在哈佛编辑出版的《经济学季刊》上。这项议题如今仍相当热门，他也一直对它相当关切，并发表过一些相关论文，包括1971年他担任美国经济学会会长（1972年度）所发表的就任演说稿。

凯恩斯习惯以文学的方式表达思想，这使他的理论留下了太多的想象空间。托宾提升了凯恩斯的理论，使之更具现实意义。比如关于如何统计持有现金的需求问题，这对判断一个经济体总的需求水平相当重要，凯恩斯一直试图去区分资金和资本的概念。而托宾认为，在现实世界中，有时多种金融资产能够同时达到二者的目的。

托宾创立了"投资组合选择"理论，即投资者和公司通过物业、股票及债券等多种途径配置资产的方法。他与哈里·马科维茨共同撰写的著作为一切现代投资及公司财务理论铺平了道路，并且将资本市场与货物、服务联系起来。今天人们懂得将退休储蓄转变为多元化的投资组合，还要感谢托宾的理论。"不要把鸡蛋放在同一个篮子里，"便是托宾投资理论的朴素概括。

哈里·马科维茨

托宾属于支持政府干预经济的一代经济学家，他相信政府的货币及

财政政策有助于调节商业周期、缓解高失业问题。不过，托宾一方面承认政府应当及时行善，一方面认为政府的经济政策应当具有激励作用。早在20世纪60年代，美国"福利社会"的缺陷尚未显露出来时，托宾就意识到政府的姑息势必压抑人们找工作的动力。托宾与佛里德曼一同提出了"负所得税"概念，即"最低收入补贴"，成为现代税收政策的重要组成部分。

托宾的数学造诣炉火纯青，他创立了一种分析支出决策的统计学方法——"托比特回归"。尽管当时缺乏计算机的支持，但今天看来托宾的研究仍然经得起时间的考验。

从20世纪50年代后期起，托宾写了一系列关于当前经济问题的文章，这些文章汇集成册，名为《国民经济政策》，于1966年出版。托宾的研究范围十分广泛，涉及经济学的各个领域。在经济计量方法、风险理论、家庭和厂商行为理论、一般宏观经济理论、增长理论和需求管理政策的实用分析等方面都取得了成果，而他最突出的研究贡献是金融市场理论中的资产选择理论及其与消费和投资决策、生产、就业和价格之间的关系，即传动机制分析。前者是他在1958年发表的《作为对付风险的行为的流动偏好》一文中提出的，后者是在他1952年发表的《资产的持有和支出决定》、1968年的《建立金融模型的陷阱》（与别人合写）和1969年的《货币理论的一般均衡分析》等论文中提出的，这些也是他获得诺贝尔经济学奖的最主要论著。20世纪70年代以来，托宾的重要著作和论文包括：《经济学论文集，宏观经济学》（1971年）、《新经济学的过去十年》（1972年）、《增长过时了吗》（1972年）、《十年来的新经济学》（1974年）、《经济学论文集：消费和经济计量学》（1975年）、《经济学论文集：理论和政策》（1982年）等。

青年才俊的王国——哈佛大学

扭亏为盈的魔术师——郭士纳

路易·郭士纳，IT 魔术师，拯救 IBM 公司的蓝色巨人。美国《时代》周刊评选出了当今世界 50 位数字英雄，这样描述郭士纳："IBM 公司董事长兼首席执行官，现年 57 岁，被称为电子商务巨子。人们一直认为，郭士纳使 IBM 公司摆脱了 80 亿美元财政困境并使其有了 60 亿美元的富余。其实郭士纳的绝技是把原本死板的 IBM 公司变成了一个巨大的、在电子商务各方面处于优势并且提供计算机服务的公司。自从郭士纳掌权该公司以来，公司的股票上涨了 1200%。"

郭士纳 1942 年 3 月出生于纽约市长岛，其中学时代是在一所竞争激烈的天主教学校中度过的。在父母的严格管教和激励下，郭士纳的学习成绩一直名列前茅。

中学毕业后，郭士纳得到达特茅斯大学的奖学金，进入

郭士纳

经济风云人物

走进科学的殿堂

该校攻读工程学学士学位。1963 年，郭士纳从达特茅斯学院毕业，获得工程技术学士学位。毕业后不久，郭士纳很快进入哈佛商学院攻读 MBA。在大学在大学同学的印象中，郭士纳是一个非常聪明、诚实的人，而且人缘也挺不错，但与此同时他的率直的个性也十分明显。他不能容忍在他看来是愚蠢的人或事，如果有人显示出缺陷和不足，他就会直截了当地告诉对方"这是愚蠢的"。如果别人在做一个在他看来有点愚蠢的陈述时，他往往不会以委婉的方式来表达自己的看法，而是让别人停止陈述。郭士纳在哈佛商学院的学习生活，为其后来的成功奠定了坚实的基础。

1965 年，郭士纳从哈佛大学商学院毕业，获得工商管理硕士（MBA）学位。同年，他进入美国麦肯锡管理咨询公司，成为公司有史以来最年轻的合伙人。凭借他的聪明才智，郭士纳在麦肯锡创造了奇迹：28 岁成为麦肯锡最年轻的合伙人，33 岁成为麦肯锡最年轻的总监。

1977 年，郭士纳加盟美国运通公司开拓了各种新业务，还培养了一种信息技术战略价值观，而且在那里第一次领教了老 IBM 的厉害。1978 年，他担任美国运通公司总裁，并兼任该公司下属最大子公司的董事长和首席执行官。1989 年，郭士纳担任 RJR 纳贝斯克烟草公司董事长和首席执行官。

1914 年创建于美国的 IBM 公司，是世界上最大的信息工业跨国公司（即国际商业机器公司），目前拥有全

郭士纳

球雇员30多万人，业务遍及160多个国家和地区。长期以来，IBM公司已被视为美国科技实力的象征和国家竞争力的堡垒。早在1969年，阿波罗宇宙飞船载着3名宇航员首次登上月球，以及1981年哥伦比亚号航天飞机飞上太空，都凝聚着IBM无与伦比的智慧。但是这位蓝色巨人在进入20世纪90年代后，却变得步履蹒跚，甚至到了崩溃的边缘。那些IBM的经理们，墨守陈规，面对新崛起的个人电脑还死抱着大型电脑不放。

在20世纪90年代初期，由于欧美经济萧条，IBM公司内部机构臃肿，连续几年公司股票不断下跌。一时间，不少持悲观态度的人士认为，IBM已经难以逃脱覆舟的命运。

IBM准备引诱本行业最伟大的船长之一给IBM掌舵，试探了美国几位顶尖的首席执行官，他们虽然都受宠若惊，但没有一个人愿意碰IBM董事长和首席执行官的位子。此时的IBM，几乎成了一辆没人要的破车：1991—1993年，连续3年亏损，当年的亏损额高达80亿美元。当时，有媒体称IBM的这一职位为"美国最艰巨的工作之一"。

但一向喜欢冒险，并有着"扭亏为盈魔术师"美誉的郭士纳，当时也被IBM委托的猎头公司瞄上。在一段接触和思考后，他想起了自己最喜爱的名言："观察乌龟吧，它是靠伸出头来才能前进的。"就是乌龟的行动，使得郭士纳作出了决定。有人问："你的雄心是怎样产生

IBM 标志

的?"他生硬地回答:"我不知道。我是个左撇子。我的左撇子是怎样产生的呢?"

1993年4月1日,愚人节。郭士纳从埃克斯手中接过IBM权力之柄,担任董事长兼CEO。就在郭士纳接掌IBM那天,IBM股票创下了12.09美元的历史新低,美国媒体称其"一只脚已经迈进了坟墓"。

在纽约希尔顿饭店的新闻发布会上,人们对这位美国最大的RJR食品烟草公司老板充满了好奇,让一位外行来执掌全球最大的计算机公司,这事还发生在极为官僚和保守的IBM内,实在是不可思议。郭士纳贯穿整个发布会的主题就是:"我是新来的,别问我问题在哪或有什么解答,我不知道。"

郭士纳上任后几周,就在弗吉尼亚州香蒂丽的一个度假胜地安排了一次非同寻常的会议,IBM最大的200家客户的信息执行官被邀请。这是IBM的经理们第一次站在客户的面前承认自己并非万事通,是IBM的经理们第一次站在客户的面前,回答了两个最简单的问题:我们做对的有哪些方面,我们做错了有哪些方面。

正如郭士纳所说,信息革命即将发生,但前提是电脑行业停止崇拜单纯的技术,并开始注重技术对于客户的真正价值。简单说来,即客户第一,IBM第二,各项业务第三。IBM再也不能靠亮皮鞋和微笑来过关了。

正是由于有了这个客户第一的理念,郭士纳也作出了他上任后最艰难的决定:IBM要重新崛起,是否必须执行前任执行官埃克斯将IBM进行肢解的计划,而且这一计划得到了当时大多数人的赞同。但郭士纳冷静地分析:一个解体的IBM,不能向客户提供顾客们寻求的综合服务,只有以统一的公司、同一张面孔面对客户,才能具有竞争力,而这正是IBM的一笔独特的资源。于是,他果断地否定了埃克斯的肢解计

划，决定保持 IBM 的整体性。

在办公室，郭士纳挂出他最喜欢的作家卡雷的一句话："从书桌上瞭望世界是危险的"。他以务实的态度拒绝"远见"之类的东西。他说，IBM 目前最不需要的就是远见。他一反公司不裁员的规定，半年内就果断裁掉 4.5 万人，彻底摧毁旧有生产模式，开始削减成本，调整结构。重振大型机业务，拓展服务业范围，并带领 IBM 重新向 PC 市场发动攻击。

IBM 公司

以前在 IBM 的会议上，气氛融洽，大家衣冠楚楚，还能愉快地聊天。但郭士纳令会议气氛陡变，他见面时从不与你寒暄，而是单刀直入。对那些习惯回避问题的 IBM 人来说，这令人恐惧："我的上帝，现在我必须和这个人四目相对了。"他直截了当的方式令总部大楼里的每个人都战栗不已，"当他召你进去时，永远不要指望听到赞扬。他总是大吼'见鬼去！瞧瞧你做了些什么？'"

走进科学的殿堂

郭士纳带来了压力,也带来了新鲜空气,还有 IBM 久违的士气。1994 年,他对公司员工讲:"我希望你们知道,那迎面吹向我们的风就要过去。我不能确切地预测什么时候会发生令人激动的改变,但我相信风必将改变方向。"其实这一时刻来得远比预料的要快。1994 年底,IBM 获得了自 90 年代以来的第一次赢利 30 亿美元。

1995 年 6 月 5 日,处理完"家务事"的郭士纳终于将锋芒扫向了外界。他瞄上了 Lotus 公司,不顾 Lotus 总裁吉姆·曼兹的反对,决定强行吞并。而且 IBM 把购并意向向媒体公布,向全世界发出信号:郭士纳要将 Lotus 上市的 5500 万普通股强行收购。IBM 开出高价,使股票价格翻了一番。而且郭士纳指示,如果 Lotus 要是敢于进行"反收购",IBM 将随时抬价,奉陪到底,最后曼兹妥协了。6 月 11 日,这桩生意最终以 35 亿美元成交,成为软件史上最大的并购案。而郭士纳将 Lotus 的 Notes 软件作为武器,向软件市场发动总攻,一举拿下企业网络市场。1995 年,IBM 营收突破了 700 亿美元大关,IBM 的大型机业务也复活了。

郭士纳

1997 年 1 月,在一年一度的全球员工大会上,郭士纳说:"1997 年我们无处躲藏。对我们所有人来说,这是结账的一年。1994 年我们证明自己能够生存,1995 年是我们稳住阵脚的一年,1996 年显示我们能够增长,1997 年我们将向世人显示,我们可以成为领袖,我们不再需要任何借口。"

1996年11月15日,IBM股票升到145美元,达到了9年来的最高点,蓝色巨人的威力再次呈现出来。郭士纳"妙手回春"的秘诀既不是重大的技术突破,也不是价格上狠宰一刀,甚至不是把握住瞬息万变的市场。而是在郭士纳的领导下,IBM找回了过去取胜的最基本概念:与顾客之间的密切联系。更为重要的是,郭士纳将IBM带入了全新的网络世界。因特网时代的标志名称或许为".com"公司,但是新经济时代的头彩应属于IBM。尽管亚马逊公司和雅虎公司占尽了网络风流,但郭士纳还是在短时间内静静地超越了他们,成为当今信息时代的一个主要设备供应商。

雅虎标志

到目前为止,IBM公司业已成为全世界最大的软件王国,软件系统产品年销售额已经高达130亿美元。为了不再受制于人,IBM公司今后

走进科学的殿堂

的总目标是使公司成为全面提供网络系统硬件、软件、系统服务等全方位服务的国际超级网络产品公司。

2001年6月,介于郭士纳在电子商务和教育领域作出的杰出贡献,英国女王伊丽莎白二世授予他荣誉爵士的勋章。

经济风云人物

青年才俊的王国——哈佛大学

世界首富的产生

比尔·盖茨，1955年10月28日出生于美国西北部华盛顿州的西雅图，属于竞争性的天蝎座。父亲老威廉·盖茨曾为西雅图的一名律师，是比尔·盖茨早期打官司的重要帮手。母亲玛丽1994年去世，生前为多个组织的董事会工作，由于其对西雅图的贡献，一条马路以她的名字命名。盖茨毕业于西雅图一所私立学校，后进入哈佛大学，但辍学经营了微软公司。1994年1月1日在夏威夷比尔·盖茨与微软的产品经理美琳达结婚。

比尔·盖茨在六年级的时候个头很小，生性腼腆，一副十分需要保护的样子。但这个倔强的、性格爱好都有点怪异的孩子却整日让父母发愁，特别让好强的母亲伤透了心。比尔·盖茨可以整日躲在底层的他的卧室里面不出来。母亲拿起电话问他："你在做什么？""我要思考。"比尔在电话里大喊。"你在思考？""是的，我在思考。"比尔厉声说："你从来没有试着思考过吗？"

比尔·盖茨

走进科学的殿堂

比尔·盖茨最初在升入湖畔中学时,与同伴保罗·艾伦一起迷上了一台笨拙的计算机终端机。八年级时,比尔·盖茨写出了他的第一个软件程序,目的只是为了玩三连棋。十年级时,他和艾伦一起建立了"湖畔编程小组",为当地公司开发软件。这些技能可能为他们带来丰厚的收入,但更吸引两位少年的是:编写软件是一场公平的游戏,逻辑的清晰与思想的锋利,决定着谁是游戏的胜方。

比尔·盖茨

1973年夏天,比尔·盖茨以全国资优学生的身份,进入了哈佛大学。在此之前,比尔·盖茨被公认是数学天才,他也曾一度想成为一名数学家。但到了哈佛之后,比尔·盖茨很快发现,竟有人比他还有数学天分,这曾使他感非常沮丧。后来,他一门心思钻研电脑,在计算机方面表现出了无人能敌的才能。他的导师不仅为他的聪明才智感到惊奇,更为他那旺盛而充沛的精力赞叹。他说道:"有些学生在一开始时便展现出在计算机行业中的远大前程,毫无疑问,比尔·盖茨会取得成功的。"

进入了梦寐以求的哈佛大学,这个日后哈佛校史上最著名的辍学生在来到哈佛之前曾经还一度为自己的成绩惴惴不安。比尔·盖茨的担忧并非无中生有,许多年后他依然记得,当时参加完大学入学考试之后心情非常

比尔·盖茨

青年才俊的王国——哈佛大学

紧张，因为志愿所填报的哈佛等3所大学都很难进。

哈佛此时早已名声在外，360多年来哈佛一位位校长尊重培养学生个性特长兴趣爱好，不受制于传统说教，更不文过饰非的务实开拓创新精神，让这方崇尚"与柏拉图为友，与亚里士多德为友，更要与真理为友"的圣土成为美国顶尖科学家和领袖人物的摇篮。

比尔入学时，担任校长的博克正在大刀阔斧地进行着传统本科课程体系的改革，重申"每个哈佛本科生都应该被宽广地教育"这一原则的同时，该核心强调了在被认为对现代学生必不可少的七个领域中知识入门方法的学习。

在哈佛大学中，比尔·盖茨是典型的大学新生，被新的要求和更激烈的竞争弄得步调大乱。在这个宽松的环境中，比尔遭遇到了人生第一个打击：他发现周围的每个人都和他一样聪明，甚至有些人考试成绩比他还好。在他的一生中，第一次不能只在考试时露个面就获得一门课的满分。比尔的竞争天性被最大限度地激发了出来，他把自己投入了异常刻苦的学习中。

就读于法律预科班的比尔第一年就选修了哈佛大学最难的数学课——

比尔·盖茨

"数学55"，研究生级别的数学和物理课占去了他大学一年级三分之一的时间。数学、科学、法律、经济等诸多职业生涯规划都曾在他的脑海里闪现过，他曾经期望当一名数学教授，也迷恋过科幻小说，热衷过心理类、经济类书籍，但是最终他还是把主要的精力花在计算机方面，在

经济风云人物

133

哈佛大学的艾坎计算机中心里度过许多个不眠之夜。

比尔·盖茨的学习方法不寻常：他先蒙头大睡，然后不间断地学习36个小时，接着再睡上12个小时，醒来吃下一个加大的比萨饼后再开始下一轮的长时间战斗。大学生活和让他感兴趣的新领域没有丝毫减弱他对计算机的狂热，这个时候，人类技术发展的步伐开始加快了。遗憾的是，在大学一年级，虽然比尔在大学入学考试中数学得了无可非议的800分，可他总平均只是个B，这似乎也成为盖茨最终决定离开哈佛的原因之一。也许就是在第一个学期他便发觉自己并非"世界上最聪明的孩子"，这让本来很想当数学教授的比尔·盖茨非常沮丧。

极有个性不仅是比尔父亲对他的评价，也是比尔·盖茨大学同学对他的评价。在哈佛，他在谈话、阅读或沉思时，总习惯把头置于双手之间，身体前后猛烈地摇摆。有时为了表达自己的观点，他甚至还会疯狂地挥舞手臂。独立的个性让比尔·盖茨在大学期间获得了数学与计算机天才的称号，同时也惹下了颇多的麻烦。

比尔·盖茨年轻的外表掩饰了他那残酷的竞争天性，他看起来比实际年龄要年轻许多。他的头发平直又不加梳理，头皮屑走到哪儿掉到哪儿。他个子小，人又瘦，声音很尖。因为是个左撇子，于是他成了那些没有什么意义的技能方面的高手，比如单脚跳越过垃圾箱，或立定跳过长凳等。

比尔·盖茨从小孤僻、自闭、独来独往，12岁时他就因不爱和其他小孩交往，并且常常一连发呆几个小时而让父母担心。当年的一个同学回忆道："他很讨人厌，总是很自信，特别好斗，而且聪明得可怕。人们一想到比尔·盖茨就觉得他有可能会拿诺贝尔奖，但他一点也不懂礼貌。"

在哈佛，比尔·盖茨依然不算好孩子，他仍旧无法抵抗电脑的诱

青年才俊的王国——哈佛大学

惑，于是就经常逃课，一连几天呆在艾肯计算机中心的电脑实验室里整晚整晚地写程序、打游戏，因为那时使用计算机的人还不多，有时疲惫不堪的他会趴在电脑上酣然入睡。盖茨的同学说，他常在清晨时发现盖茨在机房里熟睡。在第二学年的第一学期返回学校后，当比尔·盖茨认为创办公司的时机尚未成熟而继续在哈佛大学读书时，他开始玩扑克，疯狂地玩，扑克和计算机消耗了他的大部分时间，并成了宿舍里的高赌注扑克赌博的一个常客。

比尔·盖茨

在课堂上睡觉对比尔·盖茨来说是常有的事。他的生活极其紧张，3天不睡觉对他来说如同家常便饭。比尔·盖茨睡觉的习惯很独特，他从不在床单上睡觉。累了的时候，他就躺在他那张乱糟糟的床上，拉过一条电热毯盖在头上，不管何时也不管环境如何喧闹，他总能马上进入甜甜的梦乡。比尔·盖茨至今仍保持着这个习惯，当他坐飞机时，他常用一条毯子盖在头上，然后在整个航程中酣睡不止。"他是一位头脑清晰的思考家，但却容易感情用事，他很富有也很幼稚。在控制性情方面，他从未成熟过。"盖茨的一位朋友这样评价他。

即使在哈佛大学这样天才荟萃的学府，比尔·盖茨也时常与老师"为难"。他上课的表现也跟在中学时一样，把课堂当成战场。他坐在教室里，课桌上连一个笔记本也没有，只用两手抱着脑袋，样子显得十分厌倦。他看着老师在黑板上解题，过了一会儿，便说："老师，你有个地方不对，让我来给你说。"这常常让老师窘得下不了台。

他有意制定了一套行事策略：大多数课程逃课，到期末再猛学一阵。"我是想看看我花最少的时间能得多高的分数。"他的智力从不在话下，但是老师布置的练习题，比尔只做百分之二十。他具有在脑子里做运算的特殊天赋以及近乎照相机般的记忆力。多年以后，他仍能高兴地复述微软数百职员中许多人的牌照号码。

比尔·盖茨善于编程的其中一个原因，就是程序本身蕴含的运算性与逻辑性。他良好的数学基础和丰富的科学知识，使得他在编程方面有着天然的优势。当时连许多高年级学生都来向他请教难题，其中包括保罗·艾伦。艾伦比比尔高两届，他常向比尔挑战。当他遇到难题时，就对比尔说："嘿，我敢打赌你不会做这道题！"而争强好胜的比尔就会设法证明他的话是错误的，不管这道题有多难，他们在这种挑战和应战中得以互相提高。比尔·盖茨的天才在于他善于寻求解决问题的方法，而这种特长与思路开阔以及知识、经验的丰富是分不开的。

在哈佛大学，比尔·盖茨在数学方面最得意的成就是提出了解决一个数学难题的方法。那是刊登在数学杂志上的难题：一个厨师做了一叠大小不同的煎饼，他要不断从上面拿起几个煎饼翻到下面。假设有 N 个煎饼，厨师需要翻动多少次，才能完成这个排列？比尔·

比尔·盖茨

盖茨想出了解这道难题的一个比较好的办法，他将这个方法告诉了数学老师克里斯托斯·潘帕莱米托教授。潘帕莱米托将比尔·盖茨的方法记录下来，发表在《非线性数学》杂志上。据说比尔·盖茨的这个解法是解决这一难题的突破性进展，其影响至少可以在数学界持续 15 年之久。

某天晚上，比尔·盖茨邂逅了其中的一位天才学生，此人对他的影响之大就像他高中时的老朋友保罗·艾伦一样。这个人名叫斯蒂夫·鲍尔默，后来成为微软的新总裁，两人的友谊在一次观看"雨中情"和"发条橙"电影时得到巩固。虽然他们住在同一层宿舍楼的两端，但是经常在一起学习，并在学业和一些运动项目上展开激烈竞争。

斯蒂夫·鲍尔默和盖茨有着许多的共同点，他们都是一样精力充沛，可以长时间熬夜不眠。但盖茨常通宵达旦玩牌，两人会在早餐时碰面，一起讨论应用数学，他俩一起选修研究生的数学和经济学，但比尔·盖茨大多数时候都逃课，期末才玩命突击，花尽可能少的时间，得尽可能高的分数，这就是他们的游戏。

史蒂夫·鲍尔默

在"宏观经济学"的期末考试中，两人虽然从未上过一堂课，但鲍尔默得了 97 分，而比尔高达 99 分。虽然两人都想将上课时间降到最少，但与比尔·盖茨的不务正业不同，鲍尔默则将大量的时间投入社会活动，他不仅管理足球队，担任文化社社长，还是社交俱乐部的成员。总体来讲，二人都是数学高手，但鲍尔默更胜一筹。在一次著名的全国性数学竞赛中，鲍尔默还击败过比尔·盖茨。比尔·盖茨在鲍尔默的保护下被接纳进哈佛的一个社交俱乐部，但因为总是笨手笨脚，他依然像个局外人。两人个性不同，但较为投缘，用比尔的话说，两人是"高频段交流"，彼此能接受对方的全部信息。两人经常如两台联机的终端一样，或争论或玩笑或嘲笑或闲聊。

1975年6月，比尔·盖茨经过认真的考虑，说服了自己，决定放弃这所世界上最好大学的毕业证书，要求退学创业。接着，又说服了万分震惊的父母，这股毅然决然的勇气绝不是一般人所具有的。

比尔决定从哈佛退学，曾受到许多亲朋好友的劝阻，其中也包括史蒂夫·鲍尔默。有趣的是，数年后，当史蒂夫·鲍尔默来到斯坦福大学商学院攻读MBA课程时，比尔又来劝他退学去共创天下。经比尔·盖茨的轮番劝告，最后史蒂夫·鲍尔默从斯坦福退学，去了比尔·盖茨创办的当时只有20来人的微软公司。

与他的哈佛朋友比尔·盖茨一样，鲍尔默最终没有完成

basic程序设计教程

学业，不过他在头一年就获得两项1万美元的奖学金，从而名声大噪。为此，旧金山的风险资金投资商、比尔·盖茨的好友安·文布拉德称赞巴尔默"智力超群"。

青年才俊的王国——哈佛大学

由于发现还有其他的人在数学方面的天分高于自己，比尔·盖茨于是开始一门心思钻研电脑，认定这是自己的生财之道。比尔·盖茨喜欢说他进入计算机业仅仅是因为他想写出"伟大的软件"，想尽自己所能创造出最好的产品。但在早期，更强大的动力其实就是赚大钱的欲望，因为在学校期间他也一直没有停下创业的步伐。1975 年 1 月份的《大众电子学》杂志，封面上 Altair8080 型计算机的图片一下子点燃了比尔与艾伦的电脑梦。这是一种基于英特尔 8008 芯片的 8 位计算机，由于缺乏相应软件的支持，在当时并没有多大的实际用途，但它却是电脑走向个人的第一步。比尔·盖茨和艾伦敏锐地注意到了个人电脑的前途，自告奋勇地为 Altair 开发软件，结果他们成功地开发了用于 Altair 的 Basic 语言软件。此前从未有人为微机编写过 Basic 程序，比尔·盖茨和艾伦开辟了 PC 软件业的新路，奠定了软件标准化生产的基础。

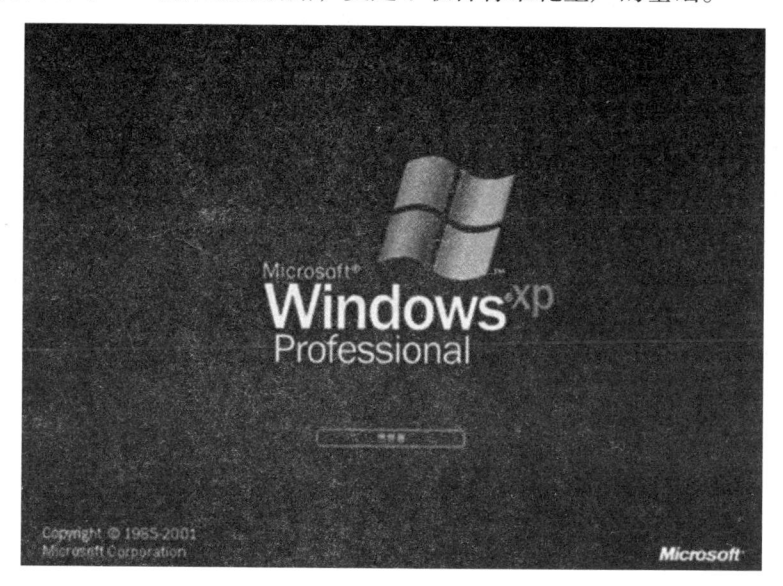

windows xp 系统

在比尔·盖茨的心中，计算机是高于一切的，微软是高于一切的，

走进科学的殿堂

为了计算机，为了微软，比尔·盖茨可以放弃一切。

1980年，微软公司推出MS-DOS系统，大受欢迎，微软自此一炮走红。MS-DOS系统今日已经成为几乎所有个人电脑必然内置的系统。从MS-DOS安装于IBM的PC机，1983年WORD软件及WINDOWS操作系统投放市场，一直到"WINDOWSXP"操作系统正式向全世界发行，比尔·盖茨几乎控制了电脑产业的霸权，并将主宰21世纪的电脑与通讯以及其他许多行业联系起来。如果说瓦特的蒸汽机拉开了工业文明时代的序幕，那么，比尔·盖茨的软件则开启了知识文明时代的大门。

借助强大的市场优势和金钱实力，微软屡屡实施"吸功大法"，将许多其他公司创造的新技术新功能纳入自己的产品Windows之中，使其成为无所不能的百宝箱。不过，20世纪90年代，正当比尔·盖茨醉心于他的个人电脑程式设计的时候，一个新兴起的事物慢慢向比尔·盖茨的王国发起进攻，这就是因特网。垄断使比尔·盖茨成为世界软件业的巨头，也使他本人成了世界首富。但是，这一回比尔却领教了其他小公司的智慧，名不见经传的网景公司就是靠着网络使自己这个小公司在短短几年内居为网络浏览器霸主的。

早在1995年12月7日，微软公司在把战略重点转向因特网以后，组织了一个因特网战略研讨会，比尔·盖茨称这一天是不同寻常的一天，因为这一天"唤醒了一个沉睡的巨人"。这一天，比尔·盖茨承认因特网是"一个崭新而且激动人心的东西"、"一个极好的机会"，并将率先在美国出现网络淘金的狂潮。他说："因特网已经成了我们整个产品系列中一切新工作的主要动力。"

比尔·盖茨在他的首部著作《拥抱未来》中，述说自己并没有超人的本领，只是擅长于把别人的东西、别人的优点，以至别人的公司，

经济风云人物

都变成自己的。微软的产品开始未必最好,但它能吸收对手产品的优点,然后把自己的产品做得比对手的更好,进而击败对手,成为市场的赢家。尽管微软也经常被指控盗窃他人的技术和专利,利用市场的垄断地位消灭竞争对手,但微软能做到"青出于蓝而胜于蓝",这本身就已经击败了其他竞争对手。

作为微软的一把手,比尔时刻没有忘记在员工中灌输和强化危机意识。比尔·盖茨有一句名言:"微软离破产永远只有18个月。"比尔·盖茨每年大约投资20亿美元用于微软的研究和开发,并不止一次地强调:"在微软,我们以长远的眼光,将大量的经费投资在研究和发展上,帮助我们了解未来的方向,同时保持今天的产品开发竞争力。我们知道这家公司有一天会毁在我们手里。"微软给人最深的印象就是其好战的本性及一贯咄咄逼人的策略,用盖茨的话来说就是:"任何会动的东西,都是我们的猎物。"也正是非凡的野心和一往无前的气势,成为微软不断成功的动力源泉。

1986年3月,在微软历史上最为隆重的一次庆祝活动声中,微软公司股票上市发行。1年后,微软股价急剧飙升,比尔·盖茨年仅31岁便一步跨入亿万富翁的行列。8年后,39岁的比尔·盖茨成为世界上最富有的人。据有关资料报道,1994年,比尔·盖茨已拥有83亿美元资产;1995年,长到129亿美元;1996年,他的财产

盖茨与妻子梅琳达在非洲参加慈善活动

已达180亿美元；1997年，他的资产翻了一番，为364亿美元；1998年，为590亿美元；1999年，他的纯资产为850亿美元。2008年6月比尔·盖茨正式推出微软公司，并把580亿美元个人财产尽数捐到比尔·盖茨与美琳达·盖茨基金会。2011年比尔·盖茨·以560亿美元资产列福布斯全球富豪榜第二位。

比尔·盖茨已经在世界首富的宝座上坐了很长的时间，在短短20多年内，从白手起家到拥有千亿美元的个人财产，这与其说是比尔创造的奇迹，不如说是信息技术创造的奇迹。不过，比尔·盖茨还是乐善好施的，在短短数年间，盖茨向各种组织、学校捐款达数十亿美元。1998年4月22日，比尔·盖茨向联合国人口基金会捐款170万美元，用于发展中国家人口项目的技术和经验交流。1998年12月2日，比尔·盖茨宣布，他和他的夫人将为发展中国家的儿童免疫项目捐款1亿美元。1999年5月4日，比尔·盖茨向一家设在纽约的非盈利性民间组织"国际艾滋病疫苗倡议研究组织"捐资2500万美元用于艾滋病疫苗研究。1999年9月，比尔·盖茨宣布捐款10亿美元成立一个"盖茨美兰尼奖学金计划"，专门用于奖励来自少数民族地区的学生。1999年11月，比尔·盖茨向环球基金捐款75000万美元，帮助给世界贫困地区的儿童注射疫苗，提高孩子的免疫力。2000年1月18日，盖茨的基金会在今后五年里向国际疫苗研

比尔·盖茨与妻子梅琳达

究所捐赠4000万美元，用于贫穷国家防治霍乱、痢疾和伤寒。2000年，比尔·盖茨和梅琳达基金会决定投入2.1亿美元资金，在英国剑桥大学设立一项以人才为基础的奖学金。该奖学金授予对象是除英国以外，来自世界其他国家在剑桥就读的研究生，该奖学金不分学科专业。

1994年，比尔·盖茨以一票之优击败通用电器的杰克·韦尔奇，被美国《工业周刊》评选为"最受尊敬的CEO"。1998年和1999年，连续两年被英国《金融时报》评为全球最受尊重的企业家。他还于1999年10月18日出版的美国《时代》周刊评为在数字技术领域影响重大的50人之一。

比尔·盖次的成功源于杰出的才智、坚韧不拔的追求、顽强的竞争意识和全身心的投入。他很早就看出个人电脑时代即将来临，并由此推导出操作系统和应用软件点。微软称霸的部分原因在于：由于比尔·盖茨具有很高的自我完善的能力，因而能够预测出电脑科技的发展趋势，并正确地判断出市场成熟的时机。

比尔·盖茨是以知识为资本的知识经济时代宠儿，他为人类开创了"盖茨时代"，使自己成为"比上帝还富有的人"。进入新千年，比尔·盖茨把微软CEO宝座拱手让给长期伙伴史蒂夫·巴尔默，保留董事局主席一职，同时出任新职务"首席软件设计师"。

2007年比尔·盖茨获得哈佛大学荣誉法学博士学位

盖茨在微软财富空前膨胀的时刻放弃这一最有权力的位置令人不可

思议，但大家别忘了，微软永远是微软，是比尔·盖茨的微软。在未来的人类历史长河里，比尔·盖茨的历史地位将十分突出。因为他是历史的改写者，他所发动的知识革命正在改变人类的生活方式、生产方式乃至思维方式，从而使人类的文明史得到重大发展。比尔·盖茨这个名字也许应该和牛顿、瓦特、爱因斯坦排在一起，在历史的长河中熠熠生辉。

经济风云人物

华人风采

青年才俊的王国——哈佛大学

文学泰斗林语堂

林语堂（1895—1976年），福建龙溪（今漳州北郊）五里沙村人，原名和乐，后改名玉堂、语堂。1895年10月10日生于平和县坂仔村。其父任基督教牧师，母亲务农。6岁入坂仔村铭新小学，从师启蒙，并由其父授以历史和经书知识。10岁，林语堂转到反门鼓浪屿基督教教会小学上学，3年后，入鼓浪屿寻源书院（教会旧制中学）读书，1912年毕业。

1912年秋，林语堂进入上海美国基督教会办的圣约翰大学神学院学习，改名林玉堂。大学期间，他广泛地阅读课外书籍，接触西方哲学和社会科学知识。一年半后，他离开神学院，改学语言学专业。林语堂认为："圣约翰大学对于我有一特别影响，对我将来的发展有很深的感召力，是它教我对于西洋文明和普通西洋生活具有基本的同情。"

1916年秋，林语堂从大学语言专业毕业，获文学士学位，经校方推荐，至北京清华学校中等科任英文教员，兼授圣经课，直到1919年夏。这期

作家林语堂

间，他除从事教学外，开始潜心研究中国哲学、文学等，并在《新青年》杂志发表关于汉字研究的文章。同年秋，林语堂获得了一个"半额奖学金"，每月美金40元，另外每月还有80美元津贴。林语堂的太太廖翠凤是鼓浪屿的首富廖家的二小姐，家庭殷实，她出嫁时，家里给了她1000银元做嫁妆。因为有这笔存款，林家才踏上出洋的旅途。

1919年，林语堂到了哈佛大学之后，他每天都泡在书里，对所有的外在生活都视而不见，也就没什么社交生活，夫人廖翠凤也只和负责照顾外国学生的教授夫人往来密切一些。大学里的教授夫妇惯于照顾外国学生，绥尔太太是被指定照顾林语堂一家社交生活的。她自己的名字是翟茜·威尔逊，是威尔逊总统的女儿，其丈夫是哈佛的教授。一次，教授夫妇发请函邀林语堂夫妇去吃晚饭。傍晚，两人匆匆准备了一下就去了，结果是弄错了日子，早来了一个星期，双方都很尴尬。夫妇俩没有社交经验，不知如何处理，只能傻傻地呆在教授家，走也不是，不走也不是。绥尔教授出来欢迎林语堂夫妇，绥尔太太只得叫佣人草草地准备了晚餐，款待了他们。

林语堂住在赭山街51号，正在卫德诺图书馆后面。只要不上课，他就到图书馆去。他钟情于哈佛，就是因为卫德诺图书馆。对林语堂而言，卫德诺图书馆就是哈佛，而哈佛也就是卫德诺图书馆。在那个浩如烟海的书的世界里，只要是想看的书，都唾手可得，仿佛站在一个支点上，只要轻轻一翘，就可以托起整个地球。林语堂认为大学应当像一个

林语堂与妻子廖翠凤

丛林，他就像猴子一样在里头自由活动，在各种树上随便找各种坚果，在枝干间自由跳跃。卫德诺图书馆上百万册的藏书就是林语堂在享受各式各样果子的盛宴。

哈佛对耶鲁的足球赛是每个哈佛人必修的"功课"，但是林语堂没有钱去看球赛，就借了心仪的书回来读，点燃灯，与夫人面对面坐着看。"行到水穷处，坐看云起时"，那是贫贱夫妻的幸福。

林语堂在哈佛读完了一年的课程，各科成绩都是A。然而此时林语堂的半公费奖学金突然取消了。他忙给清华写了封信，可学校一时半会也没有回应。他四下打听才知道，清华在美国的监督施秉元拿留学生的津贴去做股票投机生意，失败后上吊自杀了。

胡 适

没有了津贴，林语堂的经济立刻陷入绝境。他只得又向北大求助。胡适又一次雪中送炭，寄过来1000美元。在这期间，《哈佛中国学生月刊》举办征文比赛，一等奖有25元奖金。林语堂连续投了3次，每投必中。他自己都觉得不好意思，就停止了投稿。

在哈佛，林语堂在哈佛比较文学研究所学习。当时他的教授是白璧德，另外还有一位教授教他意大利文。白璧德教授深孚众望，学生都喜欢他。林语堂写了一篇文章，题目是《批评论文中语汇的改变》。白璧德教授给这篇文章的评语很好，说这篇可写成硕士论文。因为林语堂不久被迫离开哈佛，终于没写那篇论文。

走进科学的殿堂

白璧德教授在文学批评方面引起了轩然大波,他主张保持一个文学批评的水准,和 J. E. springarn 派的主张正好相反。白璧德学识渊博,他常从法国的文学批评家圣柏孚和 18 世纪法国作家著作中,挑些文章读给学生听,还从现代法国批评家的著作中引证文句。他用"卢梭与浪漫主义"这一门课,探讨一切标准的消失,把这种消失归诸于卢梭的影响。

在哈佛上学期间,林语堂的夫人得了急性盲肠炎,急需进行手术。当时一位天主教的医生第一次为中国妇女做手术,所以时间格外长。此后不久,他的夫人显示受了感染,要第二次开刀。林语堂的积蓄都已经花光,只得吃了一周的老人牌麦片,以至于以后一见到麦片就想吐。后来总算借到钱,渡过了难关。

耶拿大学

在哈佛读书一年之后,系主任看了看林语堂在圣约翰时的成绩单。因为林语堂各科的成绩都非常优秀,所以他要林语堂到德国的耶拿去修一门莎士比亚戏剧。不必出席上课,即可获得硕士学位,林语堂也因此

得到哈佛硕士学位。

厦门大学

林语堂回国后，同年9月任北京大学英文系语言学教授，讲授文学批评及音韵学课程。1923年11月开始，为《晨报副刊》撰稿，主要发表关于汉语古代音韵的研究文章和外国诗歌的译作。1924手11月，由鲁迅支持、周作人编辑的《语丝》在北京创刊，林语堂被邀约为长期撰稿人，始用语堂之名。除撰写语言学、音韵学术论文外，还翻译外国文学作品，写散文、杂文等，针砭士气文风，笔锋犀利，文辞辛辣，颇受瞩目。1925年，林语堂兼任北京大学、北京师范大学、北京女子师范大学等校的英文系教授。1925年底，他任北京女师大教务长，与鲁迅同事，并开始往来。在1925年"女师大风潮"中，他曾参加学生的示威游行，与警察搏斗，并连续在《语丝》、《京报副刊》和《莽原》

走进科学的殿堂

等报刊上发表《谬论的谬论》、《祝土匪》、《咏名流》等短评、杂文，批判和讽刺封建军阀势力和走狗文人，声援学生运动。1926年"三一八惨案"后，林语堂参加了对死难者的悼念活动，写了《悼刘和珍、杨德群女士》等文章，赞扬刘、杨是"全国女革命之先烈"，改正自己先前"勿打落水狗"的错话主张。

"三一八惨案"后，林语堂被段祺瑞政府通缉。1926年5月下旬，他携眷返闽，出任厦门大学文学系主任兼国学院总秘书。不久，他先后为厦大荐请沈兼士、顾颉刚、鲁迅等学者至该校任教，使厦大文科学术兴盛一时。1927年初，厦门大学发生学潮，林语堂辞去职务，于1932年9月在上海主编《论语》（半月刊）杂志。该刊以提倡晚明的小品文，提倡幽默、性灵、闲适，宣扬"人生在世还不是有时笑笑人家，有时给人家笑笑"的处事态度。林语堂写了不少"幽默"文章，冷嘲热讽，文白兼用，寄沉痛于闲适，一时大为盛行，被称为"幽默大师"。虽也刊登一些攻击时弊的文章，但往往以嬉笑出之，在政治上起了消极作用。鲁迅等左翼作家在《论语》创刊初期，曾予以支持，但同时也给予批评。

1934年4月，林语堂辞去《论语》编辑，另行创办《人间世》杂志。1935年9月，又创办《宇宙风》杂志，都旨在提倡"以自我为中心，以闲适为格调"的小品文，推崇"性灵文学"和文白兼用的"语录体"，反对左联提倡的大众语，攻击白话文，因而受到鲁迅等左联作家的批判和指责。林语堂没有接受，反而撰文进行攻击。他写的许多杂文，结集出版《我的话》，对中国现代杂文有一定影响。

1936年8月，林语堂携眷离国赴美，先后在美国哥伦比亚大学等校任教，并从事文学、语言学方面的著述和研究，表示要"两脚踏东西文化，一心评宇宙文章"，为中西文化交流作出了突出贡献。林语堂离开上海不到两个月，国内就发生了震惊中外的"西安事变"。1936年12月12日，国民党爱国将领张学良、杨虎城在临潼的华清池扣留蒋介石，逼蒋抗日。美国朝野上下一片骚动，西安，这个名不见经传的城市，一天之内，成了美国民众最为关注的话题。《纽约时报》大楼的屋顶上用霓虹灯显示屏滚动播报事态的最新进展。

广大在美华侨忧心如焚，这是民族存亡的关键时刻，进则团结抗日有望，退则陷入更混乱的内战。林语堂嫌广播报纸信息太慢，带点简单的吃食，一屁股坐在时代广场的台阶上等最新的电讯，从早到晚。那些日子，时代广场到处都是脸色焦虑的黄皮肤中国人，他们同呼吸，共命运，心紧紧地拧在了一起，等着大洋彼岸的祖国传来好消息！

哥伦比亚大学

一个星期后，哥伦比亚大学举行了关于西安事变的公开讨论会。大会安排了3个美国人，3个中国人发言。林语堂首当其冲，余下的两位是著名的教育家陶行知和撰文痛斥蒋介石"攘外必先安内"卖国投降论调的胡秋原。一上台，林语堂详细介绍了张、蒋两人的身份与背景。他说抓人是为了抗日，是为了民族大义，凭咱们中国人的智慧，西安事变只会是喜剧而不是悲剧。他甚至大胆地推测，张学良会无条件地放了蒋介石，中国人民团结一致，共御外侮！后来他的推测果然变为现实，国共开始合作共同抗日。

次年7月，日军挑衅制造了卢沟桥事变，抗日战争全面打响。身居美国的林语堂为远隔千里的故乡牵肠挂肚，他字字铿锵地撰写了《日本征服不了中国》一文，发表在《时代周刊》上。为了更好地争取美国人的支持，他多次写文章批评美国所谓的"国际友谊"和"中立"态度，刊在《纽约时报》、《新共和周刊》等发行量大的媒介上。他是美国当红的作家，说的话有力度，有人听。中国驻美大使王正廷在华盛顿召开记者会，就是请林语堂去讲述中国抗日的坚定立场。

北京沦陷后，南京惨遭日军蹂躏，林语堂愤然写了《双城记》，血泪控诉日本鬼子惨绝人寰的恶行！他以明星般的号召力，呼吁美国民众对华政策倾斜。中国在美的新闻宣传者纷纷表示庆幸，他们东奔西走，才不过在报纸上争取到三五行的篇幅，而林语堂轻轻松松就发表了一系列有社会影响力的文章，他的名字就是最好的广告效应。日本舆论界认为，美国在中日战争中一面倒，部分就是因为中国有像林语堂这样极具海外知名度的作家大造舆论的结果。

不仅林语堂自己出马，林家可谓全体披挂上阵。连一向不理国家大事的夫人廖翠凤在林语堂的支持下，也出任了纽约华侨妇女组织的中国妇女救济会副会长。救济会的主要工作是向美国公众宣传中国人民抗日的正义斗争，并募集资金，资助国家。在美工作的华人女工、超市店

员、开饭馆的小老板……只要是中国人，都站起来，走上街头，有的发传单，有的唱京剧，有的在美政府门前喊口号，数万旅美华侨劲往一处使，为守护家园用尽每一分力量，救济会募捐到的资金一毫不差地汇到中国。

法西斯

1939年9月，欧洲战争爆发。林语堂在《纽约时报》上发表了《真正的威胁不是炸弹，是概念》一文，引起了公众广泛的注意，他坚定地指出，法西斯再凶狠，战争再暴虐，也不能毁灭人类的文明。而在数月前的世界笔会上，林语堂和诺贝尔文学奖获得者托马斯·曼、法国著名作家莫洛亚作为特邀嘉宾发言。林语堂的演讲题目是《希特勒和魏忠贤》，他说："当今有德国人以希特勒喻耶稣，就像中国有一位儒者提议擅政独裁的魏忠贤和孔子应当有同样的地位。唯有这么歌功颂德，才能保住差事，而反对他的官吏给残杀了。但是魏忠贤虽是声势显赫，却免不了人民的暗诽，其情形与今日之德国如同一辙。魏忠贤后来迫得

走进科学的殿堂

只好自杀,自杀乃是独裁暴君的唯一出路。"

1944年,林语堂曾回国一行,至重庆等地讲学,旋又赴美。1947年夏,林语堂由国民党政府推荐,出任联合国教科文组织艺术文学组组长。1955年4月,去职返回纽约,继续写书。林语堂在美国30年,但没有加入美国籍,保留着很深的民族情感。1959年11月,美国参议院外交委员会发表"康隆报告",提出"两个中国"观点,华人为之震动,林语堂领衔签名,发表驳斥文章。1966年6月,他返回台湾台北市定居。1967年,他受聘为香港中文大学研究教授,主持《当代汉英词典》的编写工作,1972年出版。从此往返于港、台两地。1975年4月,他被推举为国际笔会副会长。同年又被列为诺贝尔文学奖的候选人之一。晚年,他除研究语言学、中外文化比较外,还潜心研究《红楼梦》,在胡适、罗家伦去世后,成为台湾文学界的代表人物。1976年3月26日,林语堂在香港病逝,葬于台北。

诺贝尔文学奖奖章

青年才俊的王国——哈佛大学

建筑大师——贝聿铭

1917年4月26日，贝聿铭出生于中国广东一个银行家的家庭，他的童年是在香港度过的。1927年举家迁往上海，10岁的贝聿铭进入上海的圣约翰小学读书，开始接受西式教育。少年时代的他就对上海的高楼大厦百看不厌，渐渐地萌生了将来要当一名建筑师的愿望。

宾夕法尼亚大学

1935年，父亲送贝聿铭到美国求学。在美国，他先后就读于宾夕

华人风采

法尼亚大学建筑系。他厌倦这所学校的建筑系只重绘画技巧，忽视建筑知识的教学方法，后转学麻省理工学院建筑工程系（1940年获学士学位）和哈佛大学（1946年获硕士学位，并留校任教）。

在哈佛求学期间，贝聿铭埋首图书馆，努力吸收欧洲近代建筑相关的资讯，并且获得学校举办的优秀设计奖。这更激励了他对建筑的兴趣，使他与建筑结下了不解之缘，开始了他毕生为之奋斗的事业。

20世纪40年代，由于战争，贝聿铭在父亲规劝之下滞留美国，在一家以混凝土见长的工程公司工作。在这段工作经验中，他为自己奠定了在混凝土材料上表现佳绩的基础。1942年，贝聿铭与毕业自卫斯里学院的陆书华结婚，同年至哈佛大学攻读建筑硕士学位。入学不久，贝聿铭就辍学，工作于国际研究委员会，主要工作是摧毁德意志境内的桥梁。1945年秋，二次世界大战结束，贝聿铭开始他未竟的学业。因为他的优秀成绩，尚未获得硕士学位的贝聿铭就被哈佛设计院聘为讲师。31岁时，他作出令人惊讶的选择，离开哈佛去一家房地产公司，理由是觉得学校的事业不美丽，希望学点新东西。

贝聿铭

1948年，贝聿铭参加纽约市韦布与纳普建筑事务所，任设计部主任。他和该事务所领导人地产业巨头W.泽肯多夫密切合作，设计了丹佛的高空中心的住宅（1955年）、芝加哥海德公园住宅重建工程（1959年）及蒙特利尔玛丽村居民点（1965年）。从1955年起，他自行组织设计事务所。贝聿铭在1960年的一次设计竞赛基础上被选为纽约市肯尼迪国际机场的设计人。

青年才俊的王国——哈佛大学

让贝聿铭声名鹊起的建筑，是建于波士顿的肯尼迪图书馆。1963年，肯尼迪总统遇刺，建造这个图书馆成为肯尼迪家族的头等

卢浮宫玻璃金字塔

大事。1964年，肯尼迪夫人把美国所有的顶尖建筑师都叫到了一起，最后却选中了名不见经传的贝聿铭。起初，肯尼迪家族在一大群应选的一流建筑师中没有太注意贝聿铭这位"初生之犊"，但当他生动地描述了根据建筑场地所作的设计、建筑材料的选用以及如何赋予这座建筑物以特殊的目的和意义之后，深深地获得了肯尼迪遗孀杰奎林的激赏。她说，"贝聿铭的唯美世界无人可与之相比，我再三考虑后选择了他。"

贝聿铭首先想要设计一座没有明显的前、后、侧面之分的纪念碑，也就是说建筑空间的结构层次应随观者的步移而变幻。图书馆造型是一

些硬边几何体的杰出组合，一个高大的白色混凝土三角形像一把"刀"似地插在一个四方的灰色的玻璃盆子上。强烈的色彩、质地和明暗的对比使得该建筑像一座雪白的、奇异的灯塔。这座建造了15年之久，于1979年落成的图书馆，由于设计新颖、造型大胆、技术高超，在美国建筑界引起轰动，被公认是美国建筑史上最佳杰作之一。美国建筑界宣布1979年是"贝聿铭年"，由于他的突出成就，1979年美国建筑师协会授予他金奖。

此后，贝聿铭几乎年年获奖。1984年，由于设计北京香山饭店而夺得由托漪学会颁发的荣誉奖，1985年又被美国文学艺术研究院和国家文学艺术学院联合膺选为崇高的研究院院士。1986年他作为12名各族移民中有个人杰出成就者之一，接受了里根总统授予的自由奖章。1988年，在卢浮宫玻璃金字塔落成典礼上密特朗总统授予他"光荣勋章"，这一年他还获得里根总统颁发的第4届美国"国家艺术奖"。1989年，由贝聿铭设计的卢浮宫地下扩建工程竣工，由于贝聿铭的杰出设计，使贝聿铭宫地下扩建工程和玻璃金字塔被膺选入全美群英厅。1990年，他和儿子贝礼中因合作设计洛杉矶比利华山庄办公大厦而获得"洛杉矶美化奖"。1991年，贝聿铭接受了新罕布什州特矛斯学院颁赠的荣誉博士学位，1992年又获得布什总统颁发的"全美十佳公民奖"。

其实，在约翰·肯尼迪图书馆建成的1978年，华盛顿国家艺术馆东馆的设计建造成功，便已奠定贝聿铭作为世界级建筑大师的地位了。当时的美国总统卡特在"东馆"的开幕仪式上称，"它不但是华盛顿市和谐而周全的一部分，而且是公众生活与艺术情趣之间日益增强联系的象征。"称贝聿铭是"不可多得的杰出建筑师"。

"东馆"的地理位置十分显要，它东望国会大厦，西望白宫。而它所占有的地形却是使建筑师们颇难处理的不规则四边形。为了使这座建筑物能够同周围环境构成高度谐调的景色，贝聿铭精心构思，创造性地把不同高度，不同形状的平台、楼梯、斜坡和廊柱交错相连，给人以变幻莫测的感觉。阳光透过蜘蛛网似的天窗，从不同的角度射入，自成一幅美丽的图画。这座费时十年，耗资近亿美元建成的"东馆"，被誉为"现代艺术与建筑充满创意的结合"。

建筑界人士普遍认为贝聿铭的建筑设计有三个特色：一是建筑造型与所处环境自然融化，二是空间处理独具匠心，三是建筑材料考究和建筑内部设计精巧。这些特色在"东馆"的设计中得到了充分的体现。

此外，贝聿铭还设计了美国大气研究中心（1967年）、纽约市会议中心、波士顿约翰·汉考克塔楼（1973年）、印第安纳大学博物馆（1979年）、波士顿美术博物馆的西翼（1980年）、雀巢公司总部（1981年）、埃尔帕索塔楼（1981年）、新加坡中国银行办公楼、北京香山饭店（1982）以及引起争议的巴黎卢浮宫内庭中的角锥形玻璃塔等许多国际知名建筑作品。

香港中银大厦

贝聿铭64岁时，被法国总统密特朗邀请参加卢浮宫重建，并为卢浮宫设计了一座全新的金字塔。卢浮宫改建是贝聿铭一生中最难对付的一个项目。20世纪80年代初，法国政府广泛征求改建方案，最后由密

走进科学的殿堂

特朗总统出面,邀请世界上15位博物馆馆长评选,结果有13位选择了贝聿铭的方案——核心就是在广场上建一个"金字塔"入口,从地下通入宫内。

不过,优越的法兰西人可没轻易放过这个外来"和尚"——金字塔?你懂我们的文化吗?贝聿铭对密特朗说,你要给我时间了解法国历史。连着4个月,每个月贝聿铭去卢浮宫待一个星期,看它的收藏怎么分配。当时感觉那里完全不对——大门从旁边进去,里面毫无方向。看一些珍品,要像跑马拉松一样穿过昏暗的走廊,就连公用厕所也只有两个!

卢浮宫玻璃金字塔

后来贝聿铭提出放玻璃"金字塔",因为这个形状体积小,但包含的面积大,采光也好,可以折射卢浮宫褐色的石头,表示对历史的尊敬。另外他还在地下设计了400座的视听室、书店、餐馆，还能通往时髦的地下购物城。但巴黎人认为太"花里胡哨"，呼吁贝聿铭不要动他们的千年国宝！当时法国人非常不满，说他会毁了"法国美人"的容貌，高喊着"巴黎不要金字塔"、"交出卢浮宫"。法国报纸称贝聿铭叫金字塔的"贝法老"。巴黎人开始流行戴圆形小徽章，上面写着"为什么要造金字塔？"法国人看不起美国人，他们问密特朗为什么法国人自己不可以修？一个接一个，骂了一年半。法国人不分昼夜表达不满，贝聿铭的翻译吓得浑身发抖，几乎没法翻译贝聿铭的想法。

面对着优越感极为强烈的法国人，而且又是举世闻名的卢浮宫，虽然压力很大，但贝聿铭非常自信。建筑设计师必须有自己的风格和主见，随波逐流就肯定被历史淹没了。为了让大家相信自己，贝聿铭在实地放一个金字塔模型，接受公众检验。"五一"节，几万市民来看，在人行道上进行公民投票。时任巴黎市长的希拉克也来了，看了看说："嗯，这项目还不算糟。"

后来金字塔获得了巨大的成功，改建之后参观人数比之前翻了一倍，法国人称赞"金字塔是卢浮宫里飞来的一颗巨大的宝石"，贝聿铭也被总统授予了法国最高荣誉奖章。后来有记者采访，贝聿铭仍然保持一贯的低姿态，说："谦恭并不表示我有丝毫的妥协，妥协就是投降。"

86岁时，贝聿铭把自己的"封刀之作"选在苏州，他想用全新的材料，在苏州三个古典园林——拙政园、狮子林和忠王府旁边修建一座现代化的博物馆。设计方案一出台，又引起了各界强烈的争论。很多人认为，这座全新博物馆将破坏原有建筑的和谐，损害这些古建筑的真实与完整。但这不能改变贝聿铭的设计初衷。他相信，当苏州博物馆真正

呈现在世人面前时，人们会理解并喜欢的。没有人能永远风光，但建筑是悠久的，最要紧的是看你的工作如何，工作能否存在，50 年以后、100 年以后……任何名分都会随时间流逝，真正留下来的只是建筑本身。

华 人 风 采

智慧而美丽的华人部长——赵小兰

"命运往往给了一个人头脑，就不给美貌。"可是，有一位女士得天独厚，被誉为"智慧与美丽的完美结合"。她是美国历史上第六位女性部长，是内阁中最年轻的一位，更是华人移民美国 200 多年来首任女性联邦内阁成员。她就是赵小兰，美国劳工部部长。

赵小兰的父母是上海人，1953 年，赵小兰出生于台北，8 岁时，与母亲和妹妹坐了整整一个月海轮，来到美国，追随先到这里安家置业的父亲。她说，刚移居美国的岁月里，生活万分艰难：一家 4 口住在纽约的一居室公寓中。她上小学三年级时，一个英文单词也不会，只能把黑板上的内容记下来，晚上父亲做完 3 份工作回来后再翻译给她听，还要帮她改作业。几年后，她考入哈佛大学，完成硕士学位，在很短的时间里，打入美国主流社会，她

赵小兰

走进科学的殿堂

从学习、工作、参政一路艰辛地走来,终于踏上成功之路,让我们看到了一个现代女性用智慧开启的美丽人生。

在哈佛的几年是赵小兰受益最多的时候。哈佛的教授非常优秀,他们有时既是教授又是公司顾问,理论与实际经验都很丰富,组合能力更强。哈佛大学两年的历练,使她成为一个处事能力更为干练的女性,也进一步培养了她的领导才能。

哈佛大学的商学院是世界闻名的,其研究所的MBA硕士学位尤其难念,能跨进大门的学生,全都是各大学毕业的顶尖学生。即使考进了,竞争也十分激烈,如不用功就很容易被淘汰。

华人风采

赵小兰

赵小兰大学毕业后,虽然获有斯坦福、沃顿商学院(WOR TON)、芝加哥大学等名校入学许可,但她仍渴望进入哈佛,可是家中父母没有任何人是校友,而女生录取比例只有5%,实在是难上加难。

赵小兰是1977年4月15日,在数以千计的竞争者中脱颖而出被录取的。那年商学院的企管硕士班,共录取了756人,分成9组,每组84人。赵小兰解释,学校分组的目的,是希望学生对学校产生忠诚感。她说即使毕业很久的学生,也不会忘记自己是哪一年哪一组的。

在哈佛的两年研究生学习生涯对赵小兰来说,真是时刻精神紧绷着。教室如战场,老师上课没有教科书,也不讲课,每天发三项课题给大家,每一项课题都是描述一个有问题的公司。学生的功课就是去了解问题、分析问题,想办法去解决问题,提出建议。这种方式教学,如果学生每天没有研究组织,怎敢走进教室,一旦被教授指名就必须一一回答。赵小兰永远不会忘记,那时上课,每天从早上 8 点半到下午 2 点半,下课后要即刻去图书馆找资料。因为每项课题,都必须花上 2 到 3 小时才能组织起来,每天三项课题,经常让她做到凌晨 1 点,全部准备好,才能入睡。因为第二天走进教室,要面对铁面无私的教授,虽不严刑拷打,但老教授那锐利的目光射到任何人身上,都会让你战战兢兢。

美国前劳工部长赵小兰被上海交大授予名誉博士学位

商学院的课程每天只有 6 小时,但准备起来至少要 10 个小时。所有的课题都相当复杂,无论是财政或市场问题。哈佛训练学生,就是要在混乱中把问题整理出来，归纳演绎有条有理，让大家参与讨论寻求解决途径。哈佛教室的设计和电影院一样，是阶梯形的，教授在台上可以很清楚地看到每一个学生。当你被叫到名字时，如果没有准备，随意回答，不但老师要冷嘲热讽，同学们还会哄堂大笑，那种困窘场面可想而知。哈佛商学院的教授最注重"临场表现"，学生25%到50%的成绩，是决定于讨论课题时的参与度，因为教授认为有效率的企业家及生意人，需要有方法与人沟通。

在哈佛的两年学习使赵小兰生活既惶恐又兴奋，她几乎连睡觉都在想那些解不开的课题。那种严格的训练，使她对问题的探讨要深要广，尤其要周密。她在班上参与讨论成绩卓然，教授当然对她也就另眼相看了，在诸多嘉勉和鼓励之下，使她更不能放松片刻。压力越大，受益越多。

在人才荟萃竞争力高强的哈佛，赵小兰仍然保持着优异的成绩。毕业典礼时，她被学校选派为全体毕业生游园的领队及班长。这是一项极高的荣誉，赵小兰也是哈佛大学有史以来，第一位获此殊荣的东方女学生。赵小兰带着这份荣誉、信心，走出校门进入了社会。

对美国慈善基金会经营，是赵小兰迈向成功的第一步。美国慈善基金会是一家拥有遍布全美各地1400多个分支机构的大集团，1992年发生了105年来最大的丑闻，据报道前任主席挪用善款用以个人挥霍，使这个组织的信用度严重受损。联合慈善基金会调查委员会选中了赵小兰，她成为该会调查委员会从600多名候选者中全票通过的人选。

上任后，赵小兰允诺："无论如何，必须保证此类丑闻不再发生。"到任后，她的第一个动作是去银行凑足300万，以足够的资金发给每个员工的薪水，她还设立了极严格的财政监控责任程序。赵小兰规定，自总裁及各部主管，出差一律坐普通舱位，不用公家座车及司机，中午吃牛皮纸袋装的午餐，基金总会员工由275人减到187人。她以身作则，带头减薪，只拿19.5万美金的年薪（是前任的一半薪水）。这条路她走得很艰辛，她的工作如同修补一个家庭出现的裂缝。她说："信任和自信一旦被破坏，需要极大的努力，用相当长的时间去复原。"但她相信这个组织会得到恢复，因为她相信大家会团结在一起，集思广益，解决当务之急，创造光明的未来。由于严格整顿，使得原来的五个地方分会退出后又重新加入，捐款数字亦渐渐上升，美国慈善基金会终于摆脱困境，走上了正轨。

赵小兰在上海交大演讲

赵小兰从政最重要的起步阶梯是入选为"白宫学者"，正是"白宫学者"的甄选，给此前没有从政经历的小兰提供了一条公平的起跑线。"白宫学者"的甄选是人才选拔和锻炼的一个良好机制，在1964年由约翰逊总统创立。"白宫学者"的甄选条件是非常严格的，年龄必须在28到36岁之间，除了受过高等教育，有特殊领导才能，还要经过工作单

位和社会上有声望的人士推荐。"白宫学者"的推荐机制简洁有效,那就是社会名流的推荐,这种有着"提名"性质的推荐,不是某个权力组织的专利,也不是某个机关个人的偏好。赵小兰角逐"白宫学者"时,由花旗银行总裁、哈佛大学工商管理学院院长、纽约圣若望大学校长、陈香梅女士及美孚石油公司总裁等5位社会贤达共同推荐,这种举荐的可靠程度是可想而知的。上述条件都满足的报考者,还要经过长达9个月的笔试、口试和个人的社会安全资料调查考核。1983年报名申请白宫学者的共有5.5万人,经过多次笔试、面试,最后录取的仅有13人,赵小兰是其中最年轻的唯一华裔女性。最后一次面试是当时的副总统老布什主持的,赵小兰由此与布什家族结缘。她从当时的里根总统手中接过"白宫学者"证书,与其他"白宫学者"一样,在总统幕僚中工作一年。按赵小兰的说法,一年"白宫学者"生涯胜读十年书。

美国有句谚语说:"一个国家拥有有才华的人,如同矿藏里埋藏着黄金。"而中国则惯于用千里马比喻杰出人才,拿伯乐比喻发现千里马的人。但是,"白宫学者"的甄选,靠的不是一个伯乐,而是一个公平而民主的机

美国前劳工部长赵小兰

制。"伯乐"一个人,不论多厉害,恐怕也有看走眼的时候,或是"固执己见"的时候,甚至是被"百里马"的糖衣糊住眼睛的时候。由是观之,以"中国心"实现"美国梦"的赵小兰,不仅要感谢父母用中国古训、儒家精神对她的教育,也要感谢命运给了她智慧和美丽,还要

青年才俊的王国——哈佛大学

感谢她生活与成长的环境。

当劳工部长提名人琳达·查维斯因涉嫌雇用非法外劳备受舆论抨击而宣布退出提名后，美国时任总统布什迅速采取行动寻觅新人选，结果赵小兰中选。布什在宣布提名赵小兰为劳工部长时，赞扬她有"丰富的行政能力，强烈同情心及致力于协助人们过更好生活的决心"。赵小兰回应说："作为总统布什的长期支持者，我感到很荣幸成为其中的阁员人选"。

赵小兰是美国首位华裔部长。乔治·布什总统提名她担任这一重要职务，热情而放心地说，"她将把受人钦佩的特质带到新职位上，那就是她杰出的行政才能，悲天悯人的胸怀，以及助人建立更美好生活抱负。"

赵小兰

当有人问赵小兰是否有什么成功经验时，赵小兰回答得很干脆：没有。她并不觉得自己是别人的榜样，她在生活中并没有榜样。"如果你在生活中把某人定为追随的样板，你就会受其影响和束缚，亦步亦趋，不能够有所超越。但是有一点非常重要，那就是你一定要喜欢你追求的事业，从中发现乐趣。如果你做事不情愿，那你就无法同别人竞争。所以你必须要有很强的动力。如果说我有什么动力的话，那就是想让我的父母亲为我这个长女感到骄傲。"

在评价华裔对美国社会起到越来越重要的作用时，正像加州财务部

华人风采

171

走进科学的殿堂

长邝杰灵所说,先期华裔大都是以难民移民背景到美国,而且大都是生活在底层的"苦力",今天华人却当选为劳工部长,从"苦力"到"部长",这条路虽然走了100多年,但它象征着华人地位的提高和形象的改善,对华人参政产生极大的鼓舞作用。赵小兰正是秉承着美国华裔勇敢地参与社会生活这一理念,完成了她从一个难民身份到如今的美国劳工部部长身份的转变。

华人风采